Farinha, feijão e carne-seca

Um tripé culinário no Brasil colonial

OBRA ATUALIZADA CONFORME
O **NOVO ACORDO ORTOGRÁFICO**
DA LÍNGUA PORTUGUESA.

Dados Internacionais de Catalogação na Publicação (CIP)
(Jeane Passos de Souza - CRB 8ª/6189)

Silva, Paulo Pinto e
  Farinha, feijão e carne-seca : um tripé culinário no Brasil colonial / Paula Pinto e Silva – 3ª ed. rev. – São Paulo : Editora Senac São Paulo, 2014.

  Bibliografia.
  ISBN 978-85-396-0747-1

  1. Brasil – História – Período colonial 2. Culinária brasileira
3. Gastronomia 4. Hábitos alimentares I. Título.

14-241s   CDD – 392.370981021

Índice para catálogo sistemático:
1.Brasil : Período colonial : Hábitos culinários :
Costumes   392.370981021

Farinha, feijão e carne-seca

Um tripé culinário no Brasil colonial

Paula Pinto e Silva

3ª EDIÇÃO REVISTA E ATUALIZADA

Editora Senac São Paulo – São Paulo – 2014

ADMINISTRAÇÃO REGIONAL DO SENAC NO ESTADO DE SÃO PAULO

Presidente do Conselho Regional: Abram Szajman
Diretor do Departamento Regional: Luiz Francisco de A. Salgado
Superintendente Universitário e de Desenvolvimento: Luiz Carlos Dourado

EDITORA SENAC SÃO PAULO
Conselho Editorial: Luiz Francisco de A. Salgado
                    Luiz Carlos Dourado
                    Darcio Sayad Maia
                    Lucila Mara Sbrana Sciotti
                    Jeane Passos de Souza

Gerente/Publisher: Jeane Passos de Souza
Coordenação Editorial/Prospecção: Luís Américo Botelho (luis.abotelho@sp.senac.br)
                                  Dolores Crisci Manzano (dolores.cmanzano@sp.senac.br)
Comercial: comercial@editorasenacsp.senac.br
Administração: grupoedsadministrativo@sp.senac.br

Edição de Texto: Silvana Vieira
Preparação de Texto: Sandra Brazil
Revisão de Texto: Asa Assessoria e Comunicação, Ivone P. B. Groenitz (coord.)
Projeto Gráfico, Editoração Eletrônica e Capa: Elisa von Randow
Impressão e Acabamento: Rettec

O texto original da autora, que utilizava a ortografia original de citações e nomes próprios, foi adaptado à padronização adotada pela editora de acordo com as normas de editoração referentes à grafia atualizada de nomes de pessoas e publicações (livros e periódicos).
Da mesma forma, a transcrição de documentos históricos e etnográficos (grafia e acentuação) se fez pelas regras vocabulares vigentes – Lei nº 2.623/55, atualizada em conformidade com a Lei nº 5.765/71, e pelo Decreto nº 6.583/08, que promulga o Acordo Ortográfico da Língua Portuguesa.

Proibida a reprodução sem autorização expressa.
Todos os direitos desta edição reservados à Editora Senac São Paulo
Rua 24 de Maio, 208 – 3º andar – Centro – CEP 01041-000
Caixa Postal 1120 – CEP 01032-970 – São Paulo – SP
Tel. (11) 2187-4450 – Fax (11) 2187-4486
E-mail: editora@sp.senac.br
Home page: http://www.livrariasenac.com.br

© Paula Pinto e Silva, 2005.

Sumário

Nota do editor 7
Prefácio – Lilia Moritz Schwarcz 9
Agradecimentos 17
Introdução 23

Exportação e subsistência: a economia dos engenhos 33
    A cozinha da sinhá 37
    A despensa da cozinha colonial: quintal, horta e pomar 39
    A cultura doce 43
    Somos o que comemos 49
Falta tudo, nada falta: carência na abundância 53
    As drogas do sertão: temperos para a colônia 56
    Nem tanto ao mar nem tanto à terra: o povoamento de São Paulo 60
Farinha, feijão e carne-seca: um tripé alimentar 69
    Farinhas: as raízes do Brasil 72
    A *Manihot utilissima* e suas possibilidades 72
    O milho maís e o mito da estrela 82
    Carne-seca: solução brasileira? 87
    Feijão: o alimento de todo dia 99
Desconstrução do tripé: um enfoque teórico 103

Glossário 128
Referências bibliográficas 132
    Pequeno inventário da alimentação no Brasil 133
    Bibliografia geral 137

Nota do editor

A GASTRONOMIA ESTÁ EM ALTA. Antes reservada ao recinto das cozinhas e a publicações especializadas, hoje já frequenta livremente todos os espaços do nosso cotidiano, a tal ponto que, atraindo o interesse de um público cada vez maior e dos meios acadêmicos, foi parar nas salas de aula de cursos superiores. É interessante que a disseminação desse saber antes transmitido por tradição venha na esteira de uma mudança de enfoque nos estudos históricos. Quem imaginaria, há algumas décadas, que a cozinha poderia revelar outros segredos além daqueles que cativam o nosso paladar?

O fato é que os hábitos alimentares de um povo contam muito de sua história – história que sem saber renovamos toda vez que repetimos um costume, toda vez (é o que veremos nas páginas a seguir) que ingerimos determinado alimento.

É isso que descobrimos ao ler *Farinha, feijão e carne-seca*. Em texto fluente e agradável, a autora nos leva, pelos trilhos da antropologia, à cozinha da sociedade colonial, na qual ingredientes indígenas, de africanos e brancos fervem em fogo brando para espessar o caldo cultural brasileiro. Para o Senac São Paulo, é mais uma oportunidade de promover o aperfeiçoamento e a consistência na formação de alunos e profissionais e de oferecer ao público em geral informação de qualidade.

Prefácio

O ETNÓLOGO FRANCÊS CLAUDE LÉVI-STRAUSS costumava afirmar, em uma crítica recorrente ao antropólogo polonês Bronislaw Malinowski, que os totens eram muito melhores para pensar do que para comer. Nesse comentário estava embutida toda uma aposta da escola estruturalista francesa, que surgia destacando, entre outras coisas, as dimensões simbólicas do pensamento humano e desconhecendo as guinadas funcionais e as explicações de ordem exclusivamente utilitária.

Mas, se tudo isso é verdade, poderíamos levar a sério – muito a sério – a provocação de Lévi-Strauss. Mudando um pouco a lógica das palavras, poderíamos concluir que também os alimentos seriam tão bons para pensar quanto para comer ou digerir. E esse é um dos desafios do livro *Farinha, feijão e carne-seca*, em que se pretende, justamente, tomar o sistema alimentar brasileiro como uma "linguagem" que fala, expressa, produz e reproduz significados, para além de saciar a fome.

Com efeito, a comida sempre deu muito o que pensar. Não há grupo humano que não se alimente, assim como não há sociedade que deixe de criar significados e simbolizar aquilo que come, e como come. Da mesma maneira como não existe sociedade sem linguagem, também não é possível pensar em um agrupamento humano que não cozinhe, ou melhor, que não prepare e elabore os seus próprios alimentos. Por isso mesmo, nenhum alimento é simplesmente cru e pronto, ou mesmo unicamente cozido. Cada sociedade também se expressa e fala de si na maneira como arranja a comida e nas formas como faz do alimento um discurso, ou até mesmo uma representação.

Assim, se em um nível mais concreto simplesmente comemos – temos fome e nos saciamos –, de maneira mais abstrata produzimos valores e sentidos quando pensamos estar apenas lidando com a nossa satisfação e mera sobrevivência. Tudo isso porque o homem não sobrevive apenas, mas antes inventa significados para tudo o que faz.

Afinal, por que será que em meados do século XIX, quando a sociedade brasileira se pretendia – finalmente – avançada e caminhando rumo à civilização, uma série de manuais de bons costumes começara a circular, elegendo na comida um mote para a distinção entre os civilizados e os "não civilizados"? Em nome do "embaraço" ou, mais precisamente, da "etiqueta", alteravam-se comportamentos sociais e normas do "estar à mesa". O guardanapo substituía o lenço durante as refeições; os talheres faziam as vezes das mãos; os pratos começavam a ser trocados com certa regularidade; e a faca era introduzida para cortar carnes previamente trinchadas. Não era de bom-tom colocar o dedo no prato (ou no prato alheio), cuspir na toalha ou assoar o nariz durante as refeições. Bela civilização! As regras eram muitas e mostravam como o momento da refeição servia também para demonstrar humanidade. Tudo o que lembrasse a animalidade seria punido, enquanto a refeição, para além da satisfação do corpo, se tornava a ocasião de expor a sociabilidade. Nada que uma lógica simbólica não possa e deva apreender.

Mas cheguemos mais perto do material deste livro, que é, a um só tempo, erudito e instigante. Vejamos, por exemplo, o engenhoso tripé que Paula Pinto e Silva constrói para representar a nossa linguagem alimentar durante o período colonial. Nas suas extremidades estariam as categorias farinha, feijão e carne-seca, conformando um sistema alimentar particular. Aí residiria uma maneira própria de construção da sociedade brasileira – sociedade que se desenha não só a partir de suas feições mais evidentes e estruturais, mas também por meio dos detalhes. Aí estaria também a reposição do triângulo culinário lévi-straussiano, que opõe o cru ao cozido e ao podre.

Mas, se é possível construir modelos abstratos sobre nossas características alimentares, é só por meio da etnografia que se distingue um cru de outro, e um cozido de ainda mais outro. E é essa viagem que *Farinha, feijão e carne-seca* nos chama a realizar. Revisitando o século XVII, no contexto da expansão da colonização portuguesa no Novo Mundo, Paula Pinto e Silva nos faz testar novos idiomas feitos de odores, sabores e apetites.

Por sinal, o livro parte dos relatos de viajantes para buscar a sincronia e um feixe de relações que não têm espaço ou lugar determinado; demonstrariam uma forma nossa de entender o lugar do alimento. Estamos falando de uma maneira mestiça de expressar a cultura nacional, que teria seu respaldo também na alimentação: uma forma cruzada de preparar a comida e de falar da mistura de raças e culturas, extremada entre nós. Usando a imagem alimentar do *melting pot*, poderíamos dizer que a culinária, assim como outros elementos, sempre foi um argumento forte para definir essa sociedade miscigenada. Um "pote de alimentos misturados", um "prato cheio" ou uma forma de "encher a barriga", para ficarmos nas expressões mais cotidianas.

Tomemos uma das representações mais oficiais desta nação: a feijoada. Nada mais apropriado para recuperar a imagem da mistura. Diziam inclusive os folcloristas, na década de 1930, que ela continha em si o substrato do cruzamento: o branco, representado pelo arroz, o preto, pelo feijão, o amarelo, pela laranja e pela farinha, o vermelho, pela pimenta, e (perdoemos o excesso de imaginação dos folcloristas) a couve trazia o verde das nossas matas. O fato é que na mistura dos elementos estaria demonstrada certa "essência" dessa nação que se construía, naquele contexto, sob o signo da mestiçagem: de culturas, de raças e, por que não, de paladares. Se na representação oficial éramos então todos mulatos e macunaímas, na imagem alimentar se encontravam paralelos: uma grande mistura de tons e alimentos. Que se esqueça a história ou até mesmo o passado escravocrata, o certo é que nesse momento o alimento cumpria o papel de "totem"; um totem da miscigenação.

Sem querer fazer coro aos culturalistas e folcloristas – que transformaram a cultura numa espécie de caráter nacional congelado –, Paula Pinto e Silva toma para si também a metáfora forte da alimentação. Aí estaria uma maneira simbólica de construção e apreensão da realidade brasileira, entendida, de maneira original pela autora, tal qual linguagem local.

Mas nada como concluir este prefácio acompanhado de Machado de Assis. Numa crônica datada de 7 agosto de 1878, o escritor descreve um suposto relatório, escrito por um diretor com alegada "veia literária", e para abrir os diferentes trechos atribui a cada um o nome de um prato de comida. A cada vez que uma dessas historietas termina, Machado oferece um comentário do tipo: "Interrompamo-nos; chega outro pratinho",[1] e solta mais um período do tal relatório. E continua: "Prefiro servir-lhes uns pastelinhos",[2] e lá vem outro trecho do mesmo relatório. Machado se dá até ao luxo de fazer galhofa com os manuais de cozinheiros estrangeiros que circulavam no país, trocando as aves europeias por outras brasileiras mais adaptadas – como o rouxinol e a rola – e introduzindo os famosos "pastelinhos" ou as conhecidas compotas de marmelo, doces que – como mostra Paula Pinto e Silva – ocupavam um lugar especial na dieta do país.

A hierarquia social se desenha nos alimentos, e o famoso literato segue dando nomes de pratos às diferentes partes da crônica. Machado se utiliza, inclusive, dos alimentos para realizar a crítica ao estrangeirismo, aos maneirismos e às manias de se fazer passar por europeu:

> Hoje é dia de festa cá em casa; recebo Luculo à minha mesa. Como o jantar do costume é rústico e parco, sem os requintes do gosto nem a abundância da gula, entendi que, por melhor agasalhar o hóspede, devia imitar o avaro de uma velha farsa portuguesa: mandar deitar ao caldeirão "mais uns cinco réis de espinafres". Noutros termos, enfunar um pouco o estilo. Não foi preciso; Luculo traz consigo os faisões, os tordos, os figos, os licores, e as finas toalhas, e os vasos murrinos, o luxo todo, em suma, de um homem de gosto e de dinheiro [...] e porque o folhetim requer um ar brincalhão e galhofeiro, ainda tratando de coisas sérias, darei a cada uma de tais amostras o nome de um prato fino e especial, um "extra", como dizem as listas dos "restaurants".[3]

Hora de servir os pratos, acompanhando a ironia de Machado: línguas de rouxinol, coxinhas de rola, peito de perdiz à milanesa, faisão assado, pastelinhos, compota de marmelos e o tão esperado brinde final.

E não é preciso ir muito longe para entender como o alimento pode falar mais do que pretende intencionalmente dizer. Dessa vez é palco para a verve satírica do escritor, que vê nesse tipo de cardápio um sinônimo de um "abuso civilizacional". Por meio dela, desenham-se costumes, hábitos, mas também excessos.

---

[1] Machado de Assis, "Notas semanais", em *Obra completa*, vol. 3 (Rio de Janeiro: Nova Aguilar, 1962), p. 386.
[2] *Ibid.*, p. 388.
[3] *Ibid.*, p. 384.

Poderíamos ficar aqui trocando receitas ou analisando ingredientes – e até ironias –, mas todo cozinheiro sabe que um bom prato requer um toque pessoal, e no caso deste livro vamos recuar muito além do século XIX; rumo ao período em que o Brasil era antes uma "América portuguesa". E também aqui não se foge à regra: para preparar e entender o cardápio completo, só lendo *Farinha, feijão e carne-seca*, que é mesmo um ótimo e irrecusável convite. Se me permitem a metáfora fácil... bom apetite.

Lilia Moritz Schwarcz

É professora titular no Departamento de Antropologia da USP e da Global Scholar da Universidade de Princeton (EUA). É autora dos livros: *As barbas do imperador - D. Pedro II, um monarca nos trópicos* (prêmio Jabuti - Livro do Ano, 1999), *O espetáculo das raças, O sol do Brasil* (prêmio Jabuti - melhor biografia, 2009), *D. João carioca - história em quadrinhos sobre a chegada da Corte portuguesa ao Brasil e um enigma chamado Brasil* (prêmio Jabuti – ciências sociais, 2010).

Para minha irmã Flávia,
pela falta que ela me faz.

Para meus pais, que me ensinam
que é preciso ter coragem.

Agradecimentos

TODO TRABALHO NASCE DE UMA GRANDE PAIXÃO. A minha é a comida. Interessada desde sempre pelos mistérios culinários, fiz da cozinha uma grande aliada para entender também dos assuntos da vida, primeiro observando, depois exercitando, mais tarde estudando. Quando criança, era lá que me refugiava a espreitar o que faziam, sempre questionando por que o alho e não a cebola, quando usar azeite, quando usar manteiga, qual o melhor tempo de cozimento para uma vagem ficar verde e crocante.

O tempo passou e, apesar de me aventurar nesse cenário, nunca me formei cozinheira. Ao contrário, pelas mãos suaves da saudosa Aracy Lopes da Silva eu já estava inserida na pesquisa acadêmica, estudando algumas possibilidades da educação escolar indígena no Brasil. Não foi difícil descobrir na antropologia uma nova paixão, alimentada nas aulas de estudo do parentesco e incentivada nas conversas com essa primeira orientadora.

Como juntar antropologia e culinária? A ideia parecia estranha, a princípio, até que encontrei alguém tão entusiasmada quanto eu: Lilia Schwarcz me acolheu de coração e braços abertos, indicou caminhos possíveis (e impossíveis também), aceitou meus prazos indecentes, leu todas as versões deste trabalho[1] com minúcia e carinho. Como ela mesma definiu certa vez, foi também minha "orientadora espiritual",

---

1 Este livro é fruto de pesquisa apresentada originalmente como dissertação de mestrado, defendida no Departamento de Antropologia da Universidade de São Paulo, em maio de 2002. Agradeço à Fapesp pela bolsa de pesquisa concedida.

incentivando-me a ser mãe (mais de uma vez) e ouvindo minhas dúvidas existenciais. Nesse caminho longo, posso dizer que ganhei uma amiga e cúmplice das minhas descobertas.

Na Biblioteca de José Mindlin, com a ajuda de Cristina e Rosana, pesquisei muita coisa que não incluí aqui, mas que certamente virá à tona um dia. No Instituto de Estudos Brasileiros (IEB), contei com a orientação simpática de Marita para outra parte da pesquisa. No Museu da Casa Brasileira, José Wilton Guerra foi incansável e sempre atencioso.

Nina Horta, mestra em escrever e em fazer comida, abriu-me as portas de sua casa e de seus armários, recheados de deliciosos livros de culinária de todos os cantos do mundo. Arnaldo Lorençato, rigoroso pesquisador da gastronomia brasileira, deu-me a oportunidade de escrever sobre esse assunto em um jornal.

Durante o desenvolvimento da pesquisa, percebi que mais gente estava interessada nesse mesmo angu: José Guilherme Magnani e Beatriz Perrone-Moisés foram sempre bons interlocutores, fazendo-me pensar nos caminhos e nas possibilidades analíticas que o tema propunha.[2]

Leila Mezan Algranti e Laura de Mello e Souza também estiveram presentes, cutucando meus pontos fracos e até os que eu considerava fortes e incentivando o flerte já escancarado com a história. No final das contas, acabamos trocando, além de sugestões de trabalho, algumas receitas de farofa.

Meus companheiros do grupo de estudos Pedro II, principalmente Íris, Edu, Rafaela, Dedé, Fraya, Batista, Helô e Fernanda, fizeram preciosas críticas e sugestões ao trabalho, enquanto saboreávamos, numa tarde abafada, bolo de fubá e de chocolate, café doce e amargo.

Um grupo de jovens antropólogos que se reunia semanalmente às quartas-feiras para, entre outras coisas, comer e beber participou de todo modo desta pesquisa. Renato Sztutman, meu amigo de sempre, leu o projeto, sugeriu modificações e não se furtou a ler e reler, com muito cuidado, os capítulos e as partes desconexas que lhe mandava. Se o tripé apresentado neste trabalho tem algum sentido, ele deve muito aos seus comentários certeiros. Silvana Nascimento me ensinou tudo sobre a cozinha e a comida dos romeiros de Goiás, aguçando minha

---

2   Ivanete, Rose, Ednaldo e Celso, do Departamento de Antropologia, ajudaram com a burocracia e com todos os tipos de entrave prático.

curiosidade de degustar, um dia, algumas delícias de lá. Valéria Macedo me mostrou, de maneira alegre e muito carinhosa, a importância de brincar com o texto. Florencia Ferrari atentou para a importância da precisão dos termos que definem uma teoria, reafirmando assim nossa amizade. Paula Miraglia acompanhou de perto a urgência dos prazos, sofrendo, como eu, as ressacas que cada versão do trabalho impunha. Rose Satiko compartilhou, além de tudo, das dores e delícias da maternidade. Stélio Marras, com toda a sua mineirice, leu atentamente grande parte, sugeriu suaves mudanças e me perfumava sempre com sabonetes de Poços de Caldas.

Carlos Eugênio Marcondes de Moura foi incansável quando o assunto era o interior de São Paulo e as comidas africanas; Carlos Lemos, profundo conhecedor da casa paulista, é também um *gourmet* e soube me dizer, com precisão, algumas formas de preparo da carne-seca. Carlos Alberto Ribeiro de Moura Zeron me apresentou a um material enorme que, sem querer, acabou se tornando o prato principal deste trabalho.

Grandes amigos, Fernando de Luiz Brito Vianna compartilhou comigo, além de algumas angústias antropológicas, outras próprias da vida; Silvia Macedo Tinoco, de longe, leu e sugeriu preciosas mudanças, acatadas inteiramente.

Leca Andrade, "minha amiga de fé, minha irmã camarada", suportou, quase semanalmente, digressões sobre os mais variados temas. No entanto, cada conversa era a renovação de muita energia, já que só uma pessoa como ela consegue transformar as dificuldades da vida num largo sorriso.

Cecy, minha sogra e amiga, esteve por perto durante todo o tempo, deu-me conselhos, emprestou livros; como boa avó que é, ajudou no cuidado com as meninas e com os assuntos cotidianos.

Irene Rodrigues Passos Gomes e Guiomar de Jesus Santos Pardinho foram, em momentos diferentes, braços direito e esquerdo nos assuntos domésticos, cuidando da minha casa e da minha cozinha. Delas recebi inúmeras marmitas com comida de "sustância", que ajudaram a garantir um pouco da integridade física necessária à conclusão deste trabalho.

Minha família extensa, composta por pai, mãe, irmão e cunhada, fez muito mais por mim do que jamais conseguirei agradecer. Sempre reunida em volta da mesa, ensinou-me o verdadeiro sentido de paciência, carinho, atenção, solidariedade. E, se a palavra amor tem algum significado concreto, certamente foi ela que ajudou a preenchê-lo, cuidando das minhas meninas e amenizando meu cotidiano cheio de angústias. Meu avô paterno, professor doutor Plínio, contou-me, de forma quase mítica, do seu passado acadêmico, incentivando também o meu futuro. Tia Cristina mandou água benta e uma imagem de Nossa Senhora Desatadora dos Nós, que, junto com as de Santo Expedito, Santa Rita de Cássia, São Judas Tadeu e Santa Bárbara, ajudaram a tornar meu escritório entupido de livros um lugar quase religioso.

Minha pequena família forma também um tripé. André me incentivou na escolha do tema, acompanhou boa parte da pesquisa de campo, palpitou nos rumos que a dissertação tomava, mostrando-me a importância do diálogo entre a etnografia e a história na construção de um trabalho antropológico. Meu companheiro de vida, cuidou da nossa casa, das nossas meninas, do nosso amor.

Maria Luiza e Gabriela são meu quindim e meu brigadeiro, meu arroz e meu feijão, meu macarrão e meu molho. Nascidas, respectivamente, no início e na metade desta pesquisa, foram a principal razão para que ela tenha chegado ao fim, lembrando-me, cada uma a seu modo, da importância de sempre procurar a felicidade.

E, no percurso deste trabalho, a vida não parou. Além de perder minha irmã para sempre, meus avós maternos, Edmundo e Narcisa, também se foram. Como eu acho que a gente não perde nada se não ganha algo em troca, este livro realiza como uma passagem, que fala do que foi, do que é e, principalmente, do que ainda está por vir.

Introdução

FIEL A UMA VELHA TRADIÇÃO, boa parte da Europa alimentava-se, até o século XVIII, de sopas grosseiras e mingaus, feitos da mistura de cereais, como trigo, fécula, milho miúdo, aveia e arroz, a um caldo quente de verduras. Ao lado disso, um pequeno consumo de grãos suplementares, como lentilhas, favas secas, ervilhas e grãos-de-bico, alguns ovos, pouca carne fresca e um consequente aumento de carnes e peixes defumados ou salgados. Por sua vez, os portugueses que vieram colonizar o Brasil trouxeram consigo essas práticas alimentares, calcadas numa tradição que refletia, em sua maior parte, a condição de um país campesino, ao mesmo tempo que explicitava suas condições climáticas, propícias à produção desses alimentos de substância.

A falta de alimentos conhecidos deles em solo tropical não significou fome para os exploradores da América. Ao contrário, novos sabores e maneiras de se alimentar foram sendo descobertos e, sobretudo, impostos. As naus estrangeiras que aportavam nestas terras traziam, de maneira insuficiente, em caixotes de madeira, o que restava de suas provisões: sobras de pão já embolorado, biscoitos e passas de frutas, duros demais para comer, restos de presunto defumado e alguns pedaços de peixe seco, não raro prestes a apodrecer. Famintos e sem perspectiva de mantimentos suficientes para abastecê-los, os portugueses se entregaram, sem demora, à culinária local.

Do lado de cá, estavam as nações indígenas, que, embora muito distintas entre si, tinham maneiras semelhantes de alimentar-se, alicerçadas nas alternativas que a terra farta oferecia e marcadas, principalmente, pelo consumo de carnes de caça, peixes, répteis e mariscos, raízes e tubérculos cozidos, além de uma infinidade de frutas e frutos silvestres. Destacavam-se, entretanto, duas espécies cultivadas que lhes serviam de base na alimentação: a mandioca, que fornecia grossos pães transformados em beiju, e o milho maís, fundamental no preparo da bebida fermentada que era usada ritualmente, conhecida por cauim. Desses dois alimentos, os indígenas também fabricavam, ainda em pequena escala, as suas farinhas, que acabaram por adquirir importância suprema na dieta da colônia.

Do encontro dessas duas culturas, nasce aos poucos uma nova cozinha, que receberá acréscimos significativos dos africanos escravizados, num momento posterior da colonização.

Local de domínio nomeadamente feminino, a cozinha colonial possibilita entrever práticas de equivalência, substituição e invenção no preparo dos alimentos, revelando o processo de troca cultural envolvido no esforço de sobrevivência dos recém-chegados e dos que aqui estavam.

O objetivo deste livro é identificar uma cosmologia alimentar no Brasil colonial que crie, retrate e simbolize um idioma culinário próprio, a partir de alimentos, utensílios e modos de comer assimilados de diferentes culturas e descritos pelos viajantes estrangeiros durante aquele período.

Utilizei para isso farta documentação, como crônicas, relatos e diários de viagem, que permitiu entrever um Brasil estrangeiro, mas passível de ser interpretado. Para fazer contraponto a essa leitura, consultei também inventários, testamentos e relatos de viajantes mais tardios que permitiram reinventar o cenário alimentar cotidiano da época. Esse recorte pouco ortodoxo se respalda na ideia de que as questões alimentares e suas práticas percorrem um tempo que não é político nem econômico, mas simbólico – e, como tal, é carregado de sentidos. Entender a comida do Brasil colonial é também entender os caminhos de sua formação e as novas possibilidades de organização da vida material.

Andemos um pouco, agora, em direção ao conteúdo em que se baseou este trabalho.

Para começar, tomemos o depoimento de Auguste de Saint-Hilaire, viajante que esteve no Brasil entre os anos de 1816 e 1822, a convite do conde de Luxemburgo:

Os habitantes do Brasil, que fazem geralmente três refeições por dia, têm costume de almoçar ao meio-dia.[1] Galinha e porco são as carnes que se servem mais comumente em casa dos fazendeiros da Província das Minas. O feijão-preto forma prato indispensável na mesa do rico, e esse legume constitui quase a única iguaria do pobre. Se a esse prato grosseiro ainda se acrescenta mais alguma coisa, é arroz, ou couve, ou outras ervas picadas [...] Como não se conhece o fabrico da manteiga, é substituída pela gordura que escorre do toucinho que se frita. O pão é um objeto de luxo; usa-se em seu lugar a farinha de milho, e serve-se esta última ora em pequenas cestinhas ou pratos, ora sobre a própria toalha, disposta em montes simétricos. Cada conviva salpica com farinha o feijão ou outros alimentos, aos quais se adiciona salsa, e faz-se assim uma espécie de pasta; mas, quando se come carne assada, cada vez que se leva um pedaço à boca, junta-se uma colher de farinha, e, com uma destreza inimitável, arremessa-se a colherada sem deixar cair um só grão.[2]

Apesar de nunca ter tido a pretensão de ser um etnógrafo, esse viajante coletou tantos dados sobre a fauna e a flora brasileiras que, uma vez publicados, seus relatórios de viagem passaram a ser fonte de informação preciosa sobre o período.

Claro está que, durante suas estadas nos diversos ranchos em que pousou, o viajante, como todos os demais, foi tratado com deferência e servido com o que havia de melhor no local. Assim, os hospedeiros, que normalmente viviam com muita parcimônia quanto ao uso de seus mantimentos, numa mistura de prudência e medo de escassez, não se furtavam, na presença de um estrangeiro, a mandar matar uma galinha do quintal, que era então cortada aos pedaços, fervida com nacos de uma cebola e algum "cheiro" existente na horta, se horta ali houvesse.

---

[1] Existem várias versões sobre o horário das refeições no Brasil colonial. Ao que se sabe, até os anos 1920, tinha-se por hábito acordar cedo e tomar um "quebra-jejum", que nada mais era que a congonha, erva com que se fazia uma espécie de chá, ou mesmo a jacuba, uma infusão de água sobre farinha de milho e rapadura. Almoçava-se, até essa data, por volta das 8 ou 9 horas da manhã, e jantava-se às 13 ou 14 horas. Às 20 horas era servida a ceia.

[2] Auguste de Saint-Hilaire, *Viagem à província de Goiás* (São Paulo/Belo Horizonte: Edusp/Itatiaia, 1975), pp. 96-97.

Em dias mais inspirados, um porco era morto e a comida ficava mais farta, já que dele se extraía o toucinho, que era cozido com o feijão, frito como torresmo ou guardado em grandes potes de barro, conservando-se em imersão a carne que sobrava. Da despensa, geralmente situada ao lado da cozinha interna,[3] vinham os mantimentos, alimentos que podiam ser guardados por algum tempo sem que o clima os prejudicasse, como a farinha e o feijão, armazenados em sacos de pano.

Se Saint-Hilaire pareceu sempre ter encontrado tamanha hospitalidade em seu caminho, um pouco menos de sorte teve Jean-Baptiste Debret, o pintor que integrava a missão francesa no Brasil de 1815.

> Passando-se ao humilde jantar do pequeno negociante e sua família vê-se, com espanto, que se compõe apenas de um miserável pedaço de carne-seca, de três a quatro polegadas quadradas e somente meio dedo de espessura; cozinham-no a grande água com um punhado de feijões-pretos, cuja farinha cinzenta, muito substancial, tem a vantagem de não fermentar o estômago. Cheio o prato com este caldo, no qual nadam feijões, joga-se nele uma grande pitada de farinha de mandioca, a qual, misturada com os feijões esmagados, forma uma pasta consistente que se come com a ponta da faca arredondada, de lâmina larga.[4]

Morando no Rio de Janeiro nesse período, Debret pôde conhecer de perto os hábitos dos habitantes da terra. No entanto, fiel ao objetivo de dom João de trazer civilização ao país, o pintor francês encontrava dificuldades para dialogar com um contexto, tão distinto do seu, marcado pela existência contígua da escravidão e de uma sociedade de Corte. Esse distanciamento da realidade, porém, não o salvou do estranha-

---

[3] As casas mais ricas possuíam sempre duas cozinhas: uma interna, nos fundos da casa, que apartava a mulher do convívio público por meio de um corredor, e outra externa, sob um telheiro, na qual se derretia o toucinho, se limpavam as carnes e se fabricavam goiabada, marmelada e canjica, quitutes que demoravam horas ao fogo. Nas casas mais pobres, por sua vez, o mais comum era existir somente a cozinha externa, embora fosse hábito cozinhar em qualquer lugar da casa. Para melhor saber sobre esse assunto, recomendo o livro *Casa paulista*, de Carlos Lemos (São Paulo: Edusp, 1999).

[4] Jean-Baptiste Debret, *Viagem pitoresca e histórica ao Brasil (1816-1831)*, vol. I (São Paulo: Martins, 1940), p. 139.

mento da comida, nem o privou de espantar-se com o mau aspecto da carne-seca arroxeada e das montanhas de farinha de mandioca postas diretamente à mesa.

Tendo passado parte da vida nos meios artísticos da França napoleônica e da academia italiana e sendo, portanto, conhecedor de algumas noções de etiqueta e civilidade, o pintor espantava-se ao constatar que, mesmo na capital da Corte, a ausência de tais princípios era quase total. Comer com a ponta da faca de lâmina arredondada era o mínimo de polidez que se podia esperar, já que, na própria Europa, era a faca trazida na algibeira o principal instrumento de servir-se e comer à mesa.

No Brasil, o uso de tal utensílio ficou por muito tempo restrito aos estrangeiros em viagem ou às refeições feitas em ocasiões especiais, como as datas religiosas comemoradas pelos colonos, aniversários e casamentos. Nesses momentos mais solenes, o cotidiano pobre era então alterado, acrescentando-se ao cardápio diário uma galinha cozida ou guisada com arroz, o porco à pururuca e um prato de verduras com caldo. Eventualmente, nas casas mais abastadas, bebia-se às refeições uma garrafa de vinho português ou uma aguardente fabricada na colônia. No mais, "bebe-se água unicamente".[5]

Como bem notou Debret, a água era a bebida por excelência do Brasil. Nada mais justo, portanto, que estivesse sempre disponível, nos potes de barro com tampa, feitos pelas mulheres indígenas. Postados à entrada da casa, neles se prendia meia cabaça feita com o fruto do cuité, apelidado pelos colonos portugueses de "coco" e que, muitas vezes, era adornado com prata na borda. Esse detalhe indicava que o hábito nativo fora adotado, embora ali também estivesse marcada a diferença que possibilitava identificar categorias sociais diversas. Usava-se nas casas coloniais o mesmo cuité que havia nas malocas indígenas, as mesmas bilhas de barro, a mesma água turva.

Caso o viajante tivesse um pouco de sorte, poderia encontrar na casa que o hospedava uma mesa que geralmente distava seis polegadas do chão, coberta com um pedaço de pano da Índia branco adamascado, ou mesmo uma toalha rendada. Se fosse ocasião, era justo colocar em cima dos bufetes as raras colheres e taças de estanho, com a galheta de temperos e as cuias para a farinha. E, se o uso do garfo somente conse-

---

[5] *Ibidem.*

guiu se impor à sociedade francesa em finais do século XVII, imagine entre a gente dessas terras, que, muito embora procurasse acompanhar as vogas europeias, preferia, no seu cotidiano, a louça de barro indígena e o modo de comer com as mãos, usando como guarnição a farinha, que ajudava a aparar o caldo ralo do feijão.

Como se vê, a mistura pela cozinha era inevitável. Na simples composição da mesa observam-se elementos distintos: os de dentro, como a cuia, a louça de barro, as colheres e vasilhas de pau indígenas, e os de fora, expressos pela louça branca do Reino, peças de estanho e prata e os panos da Índia. Entretanto, essa "civilidade" só era exposta de quando em quando; no cotidiano, era o ordinário que imperava, seja nos pratos de barro vermelho, nos cuités de farinha, no comer com as mãos, seja na própria comida, composta, invariavelmente, de farinha, feijão e alguma carne-seca.

> Nestas regiões, os proprietários que possuem cento e vinte escravos, ou mais, moram comumente em casas de barro, e, como as pessoas pobres, vivem de farinha, feijão-preto e carne-seca. Raramente pensam em melhorar seu modo de vida, que os bens da fortuna não tornam mais alegre.[6]

Maximiliano von Wied-Neuwied, príncipe alemão, andava pelo sul da Bahia, a noroeste das Minas Gerais, pelo ano de 1817, quando constatou que mesmo um homem de alguma posse, proprietário de escravos, comia como o homem comum, pobre e sem recursos. Mesmo em casas abastadas não havia mesa, nem bufê, nem aparadores. A comida era então servida sobre esteiras indígenas colocadas no chão, a cuia de farinha ao centro, cada comensal com seu prato de barro, comendo com as mãos, aos bocados. Apesar de alguns ajustes locais, que dizem respeito às poucas verduras e temperos encontrados nas hortas, tanto os fazendeiros como seus escravos comiam a mesma comida, da mesma maneira: o feijão cozido e servido com seu caldo ralo, umedecendo a farinha e amolecendo a carne-seca.

Todas as passagens citadas se referem a um mesmo período e são narradas por homens que, guardadas as devidas particularidades,

---

[6] Príncipe Maximiliano von Wied-Neuwied, *Viagem ao Brasil (1815-1817)* (São Paulo: Companhia Editora Nacional, 1940), p. 375.

se situam como iguais na medida em que são viajantes e, portanto, estrangeiros, portadores de um olhar carregado de referências próprias e objetivos definidos. Essas duas igualdades, porém, contrastam com outras duas diferenças, presentes nos mesmos textos: são relatos sobre lugares geograficamente distintos e constituem a indicação de classes sociais fundamentalmente diferentes. No entanto, e é isto o que interessa aqui, aparece, na referência à cozinha do cotidiano, um mesmo tipo de comida, composta de elementos da terra e já adaptada às diferenças culturais. Nota-se o predomínio de elementos domésticos nativos de uso diário, como a cuia de cuité, a louça vermelha, as colheres de pau. Verifica-se a presença constante de alimentos secos como a farinha, a carne-seca e os doces cristalizados, e a introdução de uma prática alimentar distinta, mais molhada, expressa nas novas formas de preparo do feijão e das verduras, com caldo e gorduras.

É nas possíveis relações entre os termos dessa linguagem culinária, cambiáveis e por vezes complementares, que vou buscar a lógica subjacente de uma certa cozinha brasileira que revele, além de suas características pragmáticas, também o seu significado simbólico.

Os capítulos a seguir foram organizados a fim de conduzir o leitor pelas trilhas que levaram ao estabelecimento dessa cozinha no contexto da expansão da colonização portuguesa no Novo Mundo. Partindo da economia dos engenhos e de sua influência nos hábitos culinários do litoral, embrenhamo-nos, em seguida, pelos sertões amazônico e paulista para finalmente detectar a difusão nacional do tripé alimentar formado por farinha, feijão e carne-seca. Não se trata, evidentemente, de afirmar que eram somente esses os alimentos ingeridos na América portuguesa. Ao contrário, um dos propósitos deste livro foi mostrar a diversidade alimentar disponível durante esse período da história. No entanto, para além do diverso, há uma combinação entre os alimentos e as formas de comê-los que aparece de modo bastante insistente, como se, em cada refeição relatada, encontrássemos esses mesmos alimentos, combinados de maneiras particulares, e que denunciam também as possibilidades culinárias nos diferentes contextos. Essa discussão está presente, principalmente, no último capítulo.

Eis, portanto, o início dessa história.

Exportação e subsistência: a economia dos engenhos

O INTERESSE EM POVOAR E COLONIZAR o litoral das terras novas, a partir da década de 30 do século XVI, obedece quase exclusivamente a dois fatores. O primeiro diz respeito à necessidade de defender o amplo território de domínio português dos frequentes ataques de corsários franceses e ingleses. O segundo, de ordem econômica, está ligado ao lucrativo comércio de açúcar na Europa, já que os solos tropicais se mostravam propícios para o cultivo de sua matéria-prima essencial, a cana. Ao dar início efetivamente ao projeto de colonização, a Coroa portuguesa visava então organizar uma produção que lhe garantisse uma gorda participação no mercado açucareiro. Foi assim que as costas brasileiras, desde a capitania de Pernambuco, no norte, até a de São Vicente, no sul, viram chegar as primeiras mudas de cana e os peritos na manufatura do açúcar.

Com seu solo rico em massapê, Pernambuco e, posteriormente, a Bahia receberam constante investimento de capital europeu, e seus donatários se dedicaram ativamente ao negócio açucareiro, criando uma situação particularmente favorável à produção desse bem de consumo quase vital à Europa.[1]

O açúcar foi utilizado inicialmente no Velho Mundo como importante substância medicinal, receitada para aquecer o sangue e fazer xaropes. Como definiu o juiz Brillat Savarin em fins de 1700, no célebre livro *A fisiologia do gosto*, devia ser elemento fundamental no laborató-

---

1 Os engenhos de São Vicente, enquanto isso, produziam apenas algumas caixas de açúcar, voltando sua produção para a aguardente.

rio dos boticários, pois dizer que alguém era como "um boticário sem açúcar", na época, significava dizer que lhe faltava algo essencial. O açúcar logo passou a ser considerado uma especiaria universal; comido puro, misturado à água para torná-la refrescante, às frutas e às flores para fabricar geleias, conservas, gelatinas, e ao álcool para produzir licores. Ainda segundo o juiz, só ao bolso o açúcar fazia mal.

Para abastecer o mercado externo com produto tão raro e precioso, os donatários das capitanias necessitavam, além de generosos pedaços de terra, de alto contingente de mão de obra, pois a manufatura do açúcar, desde o cultivo da cana até a produção no engenho, só era rentável se praticada em grande escala.

Os escravos trazidos da África eram, ao menos em termos econômicos, uma boa solução. Não que esse tipo de comércio fosse alguma novidade; além dos portugueses, franceses e ingleses já havia tempo se utilizavam do tráfico negreiro. No entanto, como afirma o historiador Charles Boxer, Portugal foi pioneiro em empregar mão de obra escrava em grande escala para trabalhar na lavoura, misturando grupos de diversas etnias, distribuídos ao longo do litoral das terras novas.

Era o sistema colonial que determinava o produto e o modo de produção, desenvolvendo toda a tecnologia necessária para sua implantação. Assim, o elemento central das grandes propriedades açucareiras foi o engenho, a fábrica propriamente dita, que mais tarde emprestou seu nome a toda a propriedade canavieira. Nele estão contidas construções que abrigam a moenda (para espremer a cana), a caldeira (onde se aquece e purifica o caldo), a casa de purgar (onde se completa a purificação) e outras dependências, como a casa-grande (onde mora o senhor), a senzala (para os escravos), a capela e uma ou outra oficina.

Mas não só a tecnologia foi transplantada; a nova sociedade que se formava reproduzia várias estruturas da antiga hierarquia portuguesa. Ocupando a cabeceira da pirâmide social, os senhores de engenho aspiravam a títulos e privilégios da nobreza tradicional. Abaixo deles vinham os homens que se dedicavam a outros gêneros agrícolas de exportação, como algodão e tabaco, comerciantes, artesãos de todos os tipos, pequenos lavradores de diversas procedências dedicados à agricultura de subsistência e escravos de "qualidades" distintas.

Sobre esses princípios de escala social baseados na hierarquia, nos variados tipos de mão de obra, nas divisões determinadas pela cor, assentou-se a sociedade açucareira no Novo Mundo.

Outro elemento de enorme importância para a compreensão das particularidades dessa sociedade emergente é a família, quer viesse do Reino já formada, quer se constituísse aqui pelo casamento dos colonos com as mulheres da terra ou com outras, mandadas vir de Portugal. Se no início da colonização a falta de mulheres brancas se mostrou um grande problema para a prosperidade dos habitantes e da própria terra, o estabelecimento de Duarte Coelho e sua família na capitania de Pernambuco, seguido por tantos outros colonos, inaugurou um novo momento do período colonial.

Transplantadas para uma terra distante, dividindo espaço com escravas africanas e indígenas, privadas de produtos aos quais estavam acostumadas, as senhoras portuguesas se viram obrigadas a reinventar práticas e costumes tradicionais do Reino, transformando suas novas casas e seus hábitos mais íntimos para adequá-los às exigências da nova vida.

Reclusas da maior parte da comunhão social, a única existência possível para essas senhoras era no mundo da cozinha, onde se verifica certa "tropicalização" dos hábitos, à medida que práticas indígenas e negras são incorporadas à tradição portuguesa, conferindo-lhe novo caráter.

A cozinha da sinhá

Para o arquiteto Carlos Lemos, a cozinha dos trópicos se caracteriza por ser "extrovertida", isto é, voltada para o lado de fora da casa, mais afastada das habitações íntimas por causa do calor. Sob influência dos costumes indígenas, perfeitamente adaptados aos caprichos tropicais e aos alimentos da terra, o fogão é expulso da casa, e as chaminés de requintado estilo francês, trazidas de Portugal, são esquecidas e abandonadas no quintal. A solução de aliar um "puxado" ao lado externo da cozinha, que servia tanto para abrigar o jirau como para preparar a comida na trempe, também é de inspiração indígena, enquanto a ligação da casa com o quintal ou pátio de serviços é herança lusitana, remontando às construções greco-romanas. A cozinha limpa (interna), para o preparo de doces finos, e a cozinha suja (externa), para o preparo das comidas cotidianas – assim como suas dependências (os depósitos e as despensas) –, ligam-se ao quintal da casa. Nesse complexo servil formado por fogão, tanque, paiol, curral e pomar, as índias e africanas se encontravam, comandadas pelas mulheres brancas. É aí, portanto, e, de maneira específica, na cozinha da casa-grande, que se verificam as possibilidades de mistura dessas culturas diversas; é nesse encontro que os ingredientes disponíveis darão origem a novos pratos, de aroma e paladar ainda desconhecidos.

Os padrões de hierarquia social transpostos para as novas terras, embora já decadentes no Reino, eram evidenciados também dentro da cozinha. As senhoras donas da casa determinavam o que seria comido, permanecendo, porém, permeáveis ao saber local, que indicava qual o melhor modo de preparar as verduras amargas, uma eventual carne de caça ou mesmo o angu de todo dia. Novos ingredientes foram descobertos e substituíram velhos conhecidos, como a gordura de porco e a castanha de caju, utilizadas no lugar da manteiga e das nozes.

A intervenção das sinhás numa cozinha estranha em tudo a elas – do ambiente onde se cozinhava aos ingredientes, utensílios e até mesmo as escravas – e a consequente adaptação de gêneros, gosto e sabor que deram origem a certa cozinha tropical foram possíveis, em grande parte, graças à flexibilidade do caráter do colonizador português.

Imbuídos de alta capacidade de adaptação, numa sociedade que se construía sem nenhuma rigidez institucional e que, portanto, favorecia a possibilidade de mudança social, os colonizadores procuraram fazer desse lugar inóspito o mais conhecido possível. Essa maleabilidade, que procura adequar a novidade a padrões já conhecidos e que foi definida por Sérgio Buarque de Holanda no conceito de "plasticidade social", verifica-se também no plano alimentar. A adoção de certos usos, como o consumo de farinha de mandioca em substituição ao pão de trigo para aparar o caldo do feijão ou da verdura, ou mesmo a introdução da cuia de cuité no lugar do prato, e das colheres de pau para cozinhar, indica uma tentativa de negociação no sentido de buscar o que havia de mais parecido com o original.

São as condições mestiças dessa "sociedade agrária na estrutura, escravocrata na técnica de exploração econômica, híbrida de índio – e mais tarde de africanos – na composição"[2] que permitem, ao mesmo tempo, a reprodução de uma hierarquia e o surgimento de um processo social distinto e novo.

---

[2] Gilberto Freire, *Casa-grande e senzala* (Rio de Janeiro: Record, 2001), p. 79.

A cozinha nascida nos engenhos, portanto, tinha muito de indígena, principalmente nos modos de preparo, nos alimentos utilizados, na forma de comê-los, caracterizando-se por uma comida seca, à base de farinha, carne e peixe secos, tubérculos cozidos sem tempero. Mas era uma cozinha feita por africanas, que empregavam, por sua vez, outros produtos e temperos diversos dos indígenas, como o coentro e as pimentas, encontrados também em suas terras. Todos esses ingredientes, por outro lado, por mais estranhos que fossem, precisavam adequar-se ao paladar português, acostumado a açordas, cozidos e comidas com muito caldo.

Nesse processo criativo de adaptação, a nova cozinha tinha no complexo servil da casa-grande – a horta, o pomar e o quintal – seu principal aliado.

A despensa da cozinha colonial: quintal, horta e pomar

Voltada para o mercado externo, a economia colonial se apoiava então numa única lavoura, a da cana-de-açúcar. Assim, grande parte dos alimentos necessários à subsistência da família senhorial vinha dos quintais, das hortas e dos pomares.

O quintal era o lugar das pequenas criações. Porcos, aves, vacas, ovelhas e cabras[3] eram alimentados com milho e bagaço de mandioca e, em certas ocasiões, faziam parte da refeição. "Ao redor do engenho a criação miúda, como são perus, galinhas e patos, que são o remédio mais pronto para agasalhar hóspedes, que vêm de improviso."[4]

Como bem notou o italiano André João Antonil, quando de passagem por um engenho da Bahia, a criação dos quintais destinava-se a uma circunstância especial, marcada pela chegada de um viajante ou por uma data comemorativa. As aves, principalmente as galinhas, eram

---

[3] O impacto dos animais de procedência europeia foi imenso nas terras novas, como afirma Alfred Crosby: "se os europeus tivessem chegado ao Novo Mundo e à Australásia dispondo da tecnologia do século XX, mas sem animais, não teriam provocado uma mudança tão grande quanto a que causaram desembarcando lá com cavalos, vacas, porcos, cabras, carneiros, asnos, galinhas, gatos e outros bichos". Cf. *Imperialismo ecológico* (São Paulo: Companhia das Letras, 1993), p. 156.

[4] André João Antonil, *Cultura e opulência do Brasil* (Salvador: Progresso, 1950), p. 74.

consideradas iguarias para os dias mais importantes, assim como alimento especial para mulheres que haviam acabado de parir e alguns outros enfermos em convalescença.

Já o frei João de São José Queirós nota que: "Não há gado, ou tão pouco que não se come; peixe é pouco, e assim passam anos sem o provarem. Têm criações de galinhas, patos e pombas: mas é coisa de que se servem muito fora do tempo, e quando estão expirando".[5]

A observação de frei Queirós é elucidativa em muitos sentidos. As criações funcionavam como uma reserva alimentar viva e tinham que ser destinadas para esse fim. Mesmo que um visitante por aquelas paragens fosse coisa muito remota e difícil, os donos da casa se sentiriam envergonhados em não poder oferecer nenhum tipo de carne ao convidado. Este, por sua vez, teria que engolir uma ave preparada sempre da mesma maneira, cortada em pedaços, fervida e ensopada, na maioria das vezes dura em razão da idade avançada.

Mais comum, no entanto, era a carne de porco, e não por acaso. Para o historiador Alfred Crosby, o porco assemelhava-se a uma erva daninha, já que se criava praticamente sozinho, alimentando-se de restos, sem grande ônus econômico para o dono da terra. Além disso, os suínos convertem grande parte do que comem em alimento para o consumo humano, pois deles se aproveitam, na culinária, o lombo, as orelhas, o rabo, a gordura, o couro. Por fim, era de consenso, na época, a opinião de que a carne de porco era infinitamente mais saborosa e macia do que as raras porções de carne de vaca que se comiam de vez em quando. "A fecundidade dos porcos é indizível, sendo de gosto tal que nada deixam lembrar os da Europa, com a particularidade de havê-la fresca por todo o ano."[6]

Ora, lembranças da Europa eram o que mais se procurava no arsenal culinário tropical, e a saída era trabalhar com a lógica da substituição e da originalidade. Se o gosto do porco evocava a memória lusitana, também recheada de carne suína, o óleo escorrido do toucinho era o que mais se assemelhava à manteiga consumida no Reino, importada da Inglaterra pelos senhores mais abastados, ainda sem similar na colônia. Desse modo, a gordura de porco passou a ser um item de

---

5 Frei João de São José Queirós, *Visitas pastorais* (1761-1763) (Rio de Janeiro: Melso, 1961), p. 383.
6 Luís dos Santos Vilhena, *Cartas de Vilhena: notícias soteropolitanas e brasílicas* (Salvador: Imprensa Oficial da Bahia, 1922), p. 71.

consumo quase vital para a culinária nas terras novas, dando sabor ao feijão e refogando a serralha. "Aqui, como no resto do Brasil", observou Saint-Hilaire em sua passagem pelo Rio de Janeiro, "os alimentos são preparados com a gordura de porco."[7]

Essa mesma gordura era usada para conservar a carne, quando pedaços de porco eram imersos em sua própria banha e guardados dentro de potes de barro, num processo de conservação semelhante ao utilizado por alguns povos indígenas para a carne de tartaruga ou mesmo aos *confits* franceses e europeus. Transformada em pasta branca e opaca, a gordura era também usada como proteção contra picadas e deixava os cabelos mais brilhantes.

A horta, por sua vez, era destinada às tentativas de aclimatação de espécies europeias e ainda ao pequeno cultivo de outras espécies "nacionais". Agrião, alcachofra, couve-flor, alface, mostarda, repolho, brócolis, escarola, espinafre e serralha cresciam ao lado de variedades nativas de abóbora-moranga, taioba, batata-doce, mangarito, chicória, jiló, cará e quiabo. "Finalmente, se dá no Brasil toda hortaliça de Portugal, alfaces, acelgas e couves, e estas só uma vez se plantam de couvinha e em poucos dias crescem e se fazem grandes couves."[8]

As espécies aclimatadas cresciam a olhos vistos, mas logo as verduras e legumes da terra invadiram as hortas "europeias", e não demorou para que se iniciasse, na cozinha das casas-grandes, um processo de substituição dos ingredientes originais da receita por equivalentes locais.

Nos pomares, misturavam-se frutas das mais variadas espécies. Cajus e maracujás eram cultivados ao lado de maçãs, peras e marmelos; laranjas, bananas e pêssegos com goiabas e jabuticabas – frutas estranhas ao paladar, à visão, ao tato e ao olfato estrangeiro, que traziam consigo não só a surpresa do sabor como também o mistério das cores vibrantes e dos aromas embriagantes. Entretanto, foi na mistura com o já conhecido açúcar que as frutas tropicais se impuseram, de uma vez por todas, ao paladar europeu nestas terras.

O missionário capuchinho Claude d'Abbeville assim relatou: "Há também uma espécie de arbusto que cresce junto às árvores e a que os

---

[7] Auguste de Saint-Hilaire, *Viagem pelo distrito dos diamantes e litoral do Brasil* (São Paulo/Belo Horizonte: Edusp/Itatiaia, 1974), p. 145.
[8] Vicente Salvador, *História do Brasil* (1590-1627) (São Paulo: Melhoramentos, 1954), p. 58.

índios chamam goiaba. É muito bom ao paladar, principalmente cozido como doce".[9]

O consumo de frutas frescas não era comum entre os brancos da época, que receavam seus efeitos, sendo destinadas, em grande parte, à alimentação dos escravos. Os senhores só comiam frutas cozidas com açúcar – na forma de compotas, geleias, doces secos e cristalizados –, que servia para conservá-las e neutralizar possíveis efeitos adversos. Se algum viajante, em suas raras aparições, era surpreendido por um frangão ensopado, ficava ainda mais estupefato ao final da refeição, quando era convidado a uma orgia de açúcar. "A parte que maior impressão causou em meu espírito foi a sobremesa na qual serviram-se vinte e nove variedades diversas de frutas nacionais, feitas em compota, cultivadas e fabricadas nas vizinhanças do lugar."[10]

Embora somente uma ínfima parte da produção de açúcar no engenho fosse destinada ao consumo da casa-grande, esta era suficiente para agradar ao paladar excessivamente doce dos senhores e senhoras brancas, hábito herdado, talvez, dos árabes e mouros. "Doces muito doces", são os comentários dos estrangeiros que experimentavam as compotas e conservas, consideradas, na época, acepipe de alto luxo na Europa. Como notou Debret, em 1816, no Rio de Janeiro: "Avança um moleque, com um enorme copo de água, bebida frequentemente solicitada durante o dia para acalmar a sede que o abuso dos alimentos apimentados ou das compotas açucaradas provoca".[11]

O excesso de açúcar era uma marca registrada dessa pequena indústria caseira, e foi o próprio pintor quem notou que tanto açúcar não permitia sequer a distinção de uma fruta e outra. Exageros à parte, as compotas dizem respeito diretamente à adaptação de frutas tropicais ao cotidiano europeu. De maneira geral, os doces são outro bom exemplo do ajuste cultural ocorrido dentro das cozinhas do engenho, como veremos agora.

---

[9] Claude d'Abbeville, *História da missão dos padres capuchinhos na ilha do Maranhão e terras circunvizinhas* (São Paulo/Belo Horizonte: Edusp/Itatiaia, 1975), p. 170.

[10] John Luccock, *Notas sobre o Rio de Janeiro e partes meridionais do Brasil (1808-1818)* (São Paulo/ Belo Horizonte: Edusp/Itatiaia, 1975), p. 305.

[11] Jean-Baptiste Debret, *Viagem pitoresca e histórica ao Brasil (1816-1831)*, 2 vols. (São Paulo: Martins, 1940), p. 129.

A cultura doce

Fabricadas nas cozinhas sujas, situadas na parte de fora da casa, as compotas e as conservas eram cozidas por horas a fio, sempre por uma negra escrava. Embora comandassem de perto o serviço, as sinhás se orgulhavam de não participar de nenhum tipo de trabalho doméstico, muito menos desse, que requeria habilidade nas grandes fornalhas, chamadas de fogão de chão, e braços fortes para mexer a massa no tacho de cobre ou de flandres. As colheres de pau, herança indígena incorporada tanto pelas casas-grandes como pelas senzalas, eram utensílio indispensável no preparo dos doces, que pediam também muita astúcia da cozinheira para não se queimar quando a massa, em ponto de fervura, começasse a espirrar.

As conservas e caldas, apesar de dulcíssimas, pareciam ser mais agradáveis ao paladar e funcionavam também como conservantes das frutas, que assim podiam passar meses guardadas dentro dos potes de barro vermelho.

Tal era, pois, o êxito dos doces. A fruta cozida com açúcar, transformada em doce de calda ou doce cristalizado pela secagem ao sol, era assim conservada, permitindo que as regiões de monocultura, marcadas pelo clima incerto de secas e pela consequente fome, utilizassem o doce na sua sobrevivência alimentar.

Vejamos uma receita de doce tropical, extraída de um caderno de Recife já do século XIX:

Doce de abacaxi seco
Descasca-se o abacaxi e corta-se em rodelas. Faz-se o mel ralo (calda) e põem-se dentro as rodelas. Deixa-se cozinhar até que fique em ponto de fio. Quando o mel chegar ao ponto indicado, retira-se o doce do fogo, escorre-se o mel e polvilham-se as rodelas com açúcar cristal. Em seguida, leva-se ao sol para secar tanto tempo quanto for preciso para as rodelas ficarem bem secas.[12]

Esta era uma receita comum nos engenhos de cana. Depois de seco ao sol e cristalizado pelo açúcar, o doce era guardado em latas, caixetas

---

12 Gilberto Freire, *Açúcar: uma sociologia do doce, com receitas de bolos e doces do Nordeste do Brasil* (São Paulo: Companhia das Letras, 1997), p. 121.

de madeira ou potes de barro de variados formatos. Em várias ocasiões, tais iguarias foram enviadas à Europa como presente fino e, anos mais tarde, comercializadas entre as diversas regiões da colônia.

Como já dissemos anteriormente, as sinhás não participavam da feitura desses doces; não obstante, na cozinha de dentro da casa, reservada a poucos quitutes, elas revelavam uma tradição em confeitaria e doces finos, que aprenderam a fazer certamente na estada quase obrigatória nos conventos lusitanos. Pães de ló, alfenins, baba de moça, filhós, bolos de todos os tipos e pudins são alguns dos manjares executados em grandes dias, marcados pelas festas religiosas e populares.

Toucinho do céu
2 libras de açúcar com o ponto bem grosso, de modo que, levantando a calda com a colher, faça pasta; ½ libra de manteiga lavada; 6 claras e 6 gemas; ½ libra de castanhas pisadas e ½ libra de farinha de trigo. Mistura-se tudo e vai cozinhar em fogo brando. Deixa-se esfriar e corta-se em fatias.[13]

Essa receita, bem diferente da anterior no que diz respeito aos ingredientes utilizados, era, com efeito, muito mais requintada, assim como as de arroz-doce, fios de ovos e beijinhos. Para os dias especiais, havia os grandes doces, que traziam consigo a tradição ibérica que misturava um excesso de açúcar à "farinha do reino", abundância de ovos, canela, cravo, noz-moscada e castanhas. Com esses doces finos, foram introduzidos os mais variados enfeites e recortes de papel que adornavam as poucas bandejas de estanho e prata e que demonstram, também, como a flexibilidade cultural é uma via de mão dupla. Ensinados pelas brancas a suas escravas, eles passam a ser especialidade das africanas, que ostentam as mais lindas toalhas de papel recortado em seus tabuleiros, quando, mais tarde, irão às ruas vender seus doces, já na pele de "negras de ganho".

Essa tradição ibérica em confeitaria inseriu, na vida da colônia, fôrmas e recortes específicos para doces e bolos, em formato de estrela, coração e meia-lua. No caso dos alfenins, delicadas massas brancas de açúcar, fôrmas de "galinha chocando", "cestinha com flores" e "pom-

---

13 *Ibid.*, p. 131.

binhos" passaram a fazer parte do imaginário popular, mostrando que, se o processo de "contaminação" é inevitável, ele não é, no entanto, unilateral. Assim, se as compotas e as conservas de frutas evidenciam uma "mestiçagem" de processos e ingredientes – o cozimento, o tacho e o açúcar europeus; as frutas e a mão de obra da colônia –, os doces finos, por outro lado, conservam mais as características originais, sendo preparados apenas em ocasiões em que se celebra também a tradição, como o casamento e o funeral.

Essa divisão não permanece por muito tempo estanque, uma vez que novos ingredientes são colocados nas antigas receitas.

> Com a polpa de coco, ralada, cozida e adicionada de açúcar, prepara-se a cocada. Este doce saboroso, especialidade das religiosas ursulinas e de outros conventos de freiras da Bahia, é ali preparado com particular excelência.[14]

Coletada pelos viajantes bávaros Spix e Martius, essa receita mostra como a cocada traz em si a perfeita combinação de prática estrangeira com matéria-prima perfeitamente adaptada em solo nacional: um modo tradicional português de fazer doces, guardado a sete chaves nos conventos coloniais e nas cozinhas internas das casas-grandes, aliado a uma fruta tropical e também amplamente consumida pelos africanos.

É possível, pois, pensar que podemos encontrar nessa indústria doceira um repasse da hierarquia social existente ao próprio consumo dos alimentos – o doce de fruta caseiro, em calda ou cristalizado, servido em dias ordinários, guardado em potes de barro nativo, em caixas rústicas de madeira ou envolto em palha, e, como contraponto, o doce fino, para dias especiais, que conserva seus ingredientes (farinha do reino, açúcar refinado, ovos, canela, castanhas), suas fôrmas, modos de preparo, condições de armazenamento e apresentação. Trata-se também de mais um indício da permeabilidade do caráter português, do indígena e também do africano, à luz da flexibilidade alimentar negociada, entre as mulheres, na cozinha.

Nessa mistura de processos e sabores, o exótico torna-se familiar e passa a fazer parte de uma nova tradição. Assim, quem diria, o "quin-

---

[14] J. B. von Spix & C. F. P. von Martius, *Viagem pelo Brasil (1817-1820)*, 3 vols. (Rio de Janeiro: Imprensa Nacional, 1938), p. 276.

dim do reino", feito com quinze gemas de ovos e manteiga lavada, ganhou coco, cravo e canela e continuou a chamar-se quindim, mas agora "de iaiá".

Além do açúcar, destinado apenas à casa-grande e ao exterior, o complexo de produção fornecia também derivados que assumiram importância vital para a subsistência no engenho.

> O melado, que se dá em pratos, e vasilhas para comer, é o da primeira e segunda têmpera. Do da terceira bem batido na repartideira se fazem as rapaduras tão desejadas dos meninos [...] Com isto se entenderá donde nasce o ter esta doce droga tantos nomes diversos, antes de lograr o mais nobre, e o mais perfeito do açúcar; porque conforme o seu princípio, melhoria e perfeição, e conforme os estados diversos pelos quais passa, vai também mudando de nomes.[15]

Como bem observou o padre Antonil, os produtos derivados da cana adquiriam diferentes nomes à medida que iam sendo refinados. O sumo de cana, que se extraía na moenda, quando entrava nas caldeiras se transformava em caldo fervido, e quando passava para outra caldeira, de melar, era o caldo clarificado. Vertido para uma bacia, chamava-se caldo coado, e, uma vez nos tachos, transformava-se em melaço. Nas fôrmas, era o açúcar, que podia ser transformado em açúcar refinado ou mascavo.

O caldo, o melaço e o próprio açúcar mascavo, com sua cor escura e aparência bruta, repleta de "pedras", rejeitado para as conservas e doces mais finos, integraram, a princípio, apenas o cardápio dos africanos escravizados "Das fezes e partes mais crassas que resultam destas operações se forma o melaço, com que se nutrem os negros."[16]

Melaço, mel de engenho, melado são os nomes mais conhecidos para o mel extraído da cana. Misturado à farinha de mandioca ou de milho, formava uma pasta muito apreciada por seu gosto forte de cana e cheiro de aguardente. Adicionando-se água fria a essa pasta, estava feita a jacuba, que era a refeição matinal – e, por vezes, principal – dos escravos, acompanhada de uma ou outra fruta colhida no pé. Essa mistura não impedia, porém, que eles passassem fome, assim como, de resto, a maioria dos habitantes do território.

---

15 André João Antonil, *Cultura e opulência do Brasil*, cit., p. 129.
16 Frei João de São José Queirós, *Visitas pastorais* (1761-1763), cit., p. 173.

No entanto, os derivados da cana-de-açúcar não ficaram restritos à alimentação dos escravizados, pois, se as compotas de frutas feitas com açúcar refinado eram a sobremesa especial dos dias comuns, quando algum convidado ilustre aparecia para comer, o melaço com farinha servia para tirar o sal da boca nas refeições corriqueiras nas moradas abastadas. Assim como as compotas, essa mistura pouco comum foi difundida por diversas partes do território, como mostra uma passagem de Saint-Hilaire, já no século XIX, pela região das Minas:

> Meus hospedeiros, que cultivavam a cana-de-açúcar, tinham um pequeno engenho movido por bois. Serviram-me o caldo de cana, o qual reduzido pela evaporação à consistência do melaço comum. Cada um a seu gosto mistura-o no seu prato com farinha de milho e mandioca, e forma assim uma pasta de sabor bastante agradável.[17]

Herança indígena, destinada aos africanos escravizados e aos moradores como refeição cotidiana, a pasta de melado com farinha conquistava um paladar sedento de doce, mas adequava-o ao que a terra podia oferecer de mais barato: a farinha comum aliada ao doce rústico, o melado, e, mais comumente, à rapadura.

> São tijolos que podem ser de cinco a seis polegadas de comprimento e são bastante grossos; sua cor, gosto e cheiro são mais ou menos os do açúcar queimado das nossas refinarias, mas o gosto do xarope se faz sentir mais fortemente. Para fabricar rapadura, não se põe água alcalina ao caldo; faz-se ferver o bastante para que não escorra nenhum melaço, e vertem-se em moldes dos quais se podem facilmente retirar as rapaduras resfriadas.[18]

Embora o ilustre viajante já esteja em outra região ao fazer tal descrição, ela não deixa de ser muito fiel ao que se verificou. Doce rústico feito de açúcar mascavo, o tijolo duro de rapadura, embrulhado em papel comum, podia ser carregado por muito tempo, no bolso da calça do vaqueiro, que o cortava com os próprios dentes e mastigava duro

---

[17] Auguste de Saint-Hilaire, *Viagem à província de Goiás* (São Paulo/Belo Horizonte: Edusp/Itatiaia, 1975), p. 173.
[18] *Ibid.*, p. 65.

no seu caminho rumo ao sertão, ou na bagagem do viajante, que, com uma faquinha afiada, retalhava-o em pequenos pedaços para adoçar a água do chá da manhã. Até mesmo no bolso bordado do avental da sinhá podiam-se encontrar pequenos pedaços, enfiados discretamente na boca e saboreados até derreterem por completo.

O consumo de açúcar branco tornava-se cada vez mais raro na colônia, à medida que um similar mais escuro e mais bruto, como a própria gente, ocupava-lhe o lugar sem nenhuma deferência. Comida com farinha, a rapadura, doce de africanos, pobres e crianças, transformava-se em refeição única. George Gardner, em viagem pelo rio Jaguaribe, na região do Ceará, confessou mais tarde que, "embora não a apreciasse muito a princípio, acabei por achá-la tão boa que a preferia ao açúcar, como toda gente desta zona, a quem vi muitas vezes fazer sua refeição só de rapadura com farinha".[19]

Diferentemente do açúcar, que começava a sentir a umidade dos trópicos quando armazenado, a rapadura constituía boa "munição de boca", já que durava muito tempo e não exigia nenhuma atenção quanto à conservação. Como notou o príncipe alemão Maximiliano von Wied-Neuwied, referindo-se à comida levada numa guerra aos "botocudos", na região da Bahia, "às costas uma longa mochila, com uma quarta e meia (meio alqueire saxão) de farinha, um pouco de rapadura (pedaço grande e quadricular de açúcar grosseiro e escuro), e ainda doze libras de carne-seca".[20]

Fácil de produzir, fácil de carregar, fácil de conservar e, principalmente, gostosa de comer, a rapadura era um mantimento mais adequado que o açúcar branco às condições tropicais e aos costumes da terra, um substituto vantajoso para adoçar o paladar. Desse modo, ganhou os sertões e se tornou tempero indispensável ao homem comum, ao africano escravizado, ao mestiço sertanejo.

---

19 George Gardner, *Viagem ao interior do Brasil* (São Paulo/Belo Horizonte: Edusp/Itatiaia, 1975), p. 85.
20 Príncipe Maximiliano von Wied-Neuwied, *Viagem ao Brasil (1815-1817)* (São Paulo: Companhia Editora Nacional, 1940), p. 301.

Somos o que comemos

Se a fartura de doces para os senhores brancos era uma característica dos engenhos, o mesmo não se pode dizer da comida de sal. Os mais abastados se davam ao luxo de importar carnes, cereais e até frutas, mas, com as péssimas condições de armazenamento e de viagem, os gêneros chegavam deteriorados e rançosos. Apesar disso, a má alimentação nos engenhos devia-se menos à escassez de alimentos importados e mais à resistência à assimilação e à produção de gêneros da terra. Pensemos, pois, não no valor nutritivo dos alimentos, já que comer bem não quer dizer comer bastante, e comer poucos tipos de alimento não significa comer mal e de modo monótono.

O fato é que, preocupados com a produção do açúcar, os senhores pouco se dedicaram à instalação de roças, limitando-se a consumir, com parcimônia, os produtos das hortas, pomares e quintais. Nos depósitos ficavam armazenados mantimentos secos, como farinhas, espécies diversas de feijões e algum sal,[21] obrigando o cardápio a se adequar a uma dieta de subsistência que tendia para a carência. A sobriedade nas refeições cotidianas, assinalada por alguns viajantes como prudência da gente acostumada aos trópicos, bem podia significar outra coisa, como a falta de outras atividades agrícolas que a monocultura da cana não comportava.

A pequena produção de gêneros de subsistência era feita dentro da própria fazenda pelos escravos. Parte dessa empreitada destinava-se à casa-grande; a outra parte, ao consumo dos próprios escravos, que, segundo determinava a Carta Régia de 11 de janeiro de 1701, deveriam ter o sábado livre para poder cuidar do seu sustento. No entanto, conforme nos informa o frei dominicano Tollenare, que esteve na zona da mata de Pernambuco em 1816, "há poucas propriedades em que se permite aos escravos cultivar alguma coisa por conta própria. Percorrendo as matas encontrei às vezes pequenas clareiras onde africanos tinham vindo furtivamente plantar um pouco de mandioca".[22]

---

21 A restrição de sal se devia ao alto preço do produto, cuja venda era reservada a poucos comerciantes.
22 Frei Tollenare, *Notas dominicais tomadas durante uma viagem em Portugal e no Brasil em 1816, 1817 e 1818* (Salvador: Livraria Progresso, 1974), p. 78.

Mandioca? Sim. Difundida especialmente pelos povos tupis, que a levaram para a costa, a raiz e sua farinha já eram mantimento conhecido por muitos africanos em seus países de origem, assim como o milho, a batata-doce e algumas variedades de frutas – o que explica, em parte, a intimidade dos escravos com os produtos locais destinados à sua subsistência, bem como com o seu cultivo.

A alimentação dos africanos escravizados nesse contexto era, portanto, autóctone, baseada em mandioca cozida e suas diversas farinhas, milho cozido – ralado, quebrado, pilado ou feito farinha –, feijões, batata-doce, uma ou outra fruta também da terra, quase nenhuma carne ou gordura. Sal e açúcar eram produtos inatingíveis, já que eram dois dos bens alimentares mais valiosos na colônia e no Reino; para o tempero, salsa e coentro nascidos descuidadamente entre as outras espécies, além das pimentas indígenas, bem mais suaves, entretanto, do que as similares africanas.

Na casa-grande, a refeição cotidiana era praticamente a mesma: servia-se o mesmo feijão, embora acrescido de um pouco de sal, a mesma farinha, as mesmas frutas. Assim, não é errado supor que a alimentação diária dos senhores era muito próxima da dos escravos, sustentando-se em produtos nativos de fácil cultivo, como o milho, o feijão, a mandioca – denominadores comuns de uma mesma dieta, portanto, que igualava, e somente nesse sentido, brancos, índios e africanos.

Desses poucos alimentos nascia uma culinária rica de possibilidades, desenvolvida nas brechas de um sistema agrário fechado, monopolista, que virava as costas para os gêneros de subsistência. Falta (de variedade) e excesso (de quantidade) estabelecem aqui a oposição que dará origem às múltiplas formas de preparo que enriquecem essa dieta repleta de tapioca, macaxeira cozida, feijão-preto com verdura, angus de fubá e doces de milho. E rapadura e cachaça, para suavizar a vida difícil.[23]

---

23 Num período em que a crise geral no mercado determinou a queda do consumo de açúcar pelos europeus, a exportação de cachaça despontou como uma solução para equilibrar os custos da balança economicamente desfavorável. No âmbito das mudanças econômicas geradas por essa crise, a cachaça foi um caso singular, uma vez que sua exportação para Angola contrariava os interesses da metrópole, que não via com bons olhos o comércio entre suas colônias. Mais do que proporcionar lucros aos senhores de engenho num momento delicado, a cachaça partilhou lugar com os vinhos portugueses e espanhóis nas colônias africanas e passou a ser, nas terras brasílicas, a bebida por excelência, igualando, no seu trago curto e seco, senhores e escravos.

É importante considerar que, se a monocultura da cana acabou por determinar uma lavoura de subsistência específica, autóctone, que atendia somente às necessidades do engenho, ela determinou ainda um tipo de povoamento que favoreceu formas de convívio mais sólidas, graças à fixidez e à permanência exigidas pelo modo de produção. Assim, o processo inevitável de miscigenação culinária, calcado na preparação de pratos simples e de sabor local, pode ser atribuído a esse convívio mais profundo, que possibilitou, no dia a dia, as trocas constantes entre as diferentes culturas envolvidas, na busca não só da adequação necessária à sobrevivência, mas também da satisfação dos anseios do paladar.

Falta tudo, nada falta: carência na abundância

NO CAPÍTULO ANTERIOR, vimos que a produção subordinada ao mercado externo, como era o caso da monocultura da cana-de-açúcar, não favorecia o desenvolvimento de uma lavoura de subsistência capaz de abastecer o mercado interno. A dieta dos colonizadores acomodou-se aos alimentos e às práticas que os indígenas e os africanos ofereceram, em que se destacava, sobretudo, o alto consumo de farinha, de feijões de diversos tipos, batata-doce, cará e milho, plantados aleatoriamente e comidos de acordo com a safra. Característico também desse período foi o surgimento, na colônia, de uma cultura doce, cristalizada na mistura das frutas tropicais com o açúcar refinado e simbolizada, popularmente, pela rapadura.

Neste capítulo, veremos duas exceções no longo processo de ocupação da chamada América portuguesa. A primeira diz respeito à colonização da Amazônia, baseada no extrativismo, e a segunda, ao povoamento da vila de São Paulo, que, ao contrário das regiões litorâneas de monocultura da cana, voltou-se para a produção agrária de subsistência. Em ambos os casos, verifica-se uma imposição menor dos hábitos e dos costumes alimentares dos brancos, já que, nas difíceis condições em que se encontravam, os colonizadores, por uma questão de sobrevivência, se viram subordinados aos gentios da terra.

As drogas do sertão: temperos para a colônia

No século XVI, a colônia passou de simples território de extração de pau-brasil a produtora de gêneros de exportação, como o açúcar, o cacau, o algodão, o tabaco, o couro e até a carne-seca, já no final do século XVIII. Preocupado com a defesa de seus domínios, principalmente nas regiões fronteiriças, Portugal viu na colonização das terras uma saída possível.

Em 1616, portugueses se alojaram na foz do rio Amazonas na tentativa de assegurar a soberania na região, que era então disputada pelos espanhóis. Por esses tempos, a bacia amazônica estava parcamente ocupada por ingleses e holandeses, embora eles não tivessem o direito de estar ali. Não foi preciso mais que algumas lutas, comuns à época, para que os portugueses consumassem sua posse e se estabelecessem sem concorrentes estrangeiros.

Como era costume, instalaram no local, para ser base da colonização, plantações de cana-de-açúcar, que, no entanto, não progrediram. As condições naturais desfavoráveis, caracterizadas por mata espessa e semiaquática e por um regime fluvial que, na época das cheias, alagava áreas imensas, impediam qualquer tipo de lavoura.

Se a grande lavoura tropical não parecia adequar-se à região amazônica, a colheita dos frutos da floresta mostrou-se uma alternativa. Embora não tivesse importância econômica, já que figurava como secundária entre as outras riquezas produzidas na colônia, se apresentava como forma possível de povoar um ambiente tão inóspito.

Na região do Grão-Pará, encontravam-se estruturas semelhantes às organizações econômicas da costa, se bem que menores, com pequenas lavouras de açúcar e tabaco, baseadas também em trabalho escravo. Entretanto, mais para o norte do território, tudo o que se tinha eram complexas redes hidrográficas, emaranhadas em outros cursos d'água, que somente possibilitavam a atividade extrativa baseada no trabalho indígena.

A chegada dos colonos deu início a uma série de mudanças no que se refere, principalmente, ao trato dos indígenas. Disputando a mão de obra nativa com os religiosos, os portugueses conseguiram, por iniciativa do marquês de Pombal e amparados na política portuguesa dos tempos de dom José, expulsar os jesuítas de todos os domínios lusitanos.

Aproveitando a ausência dos padres, os colonos infiltraram-se por toda parte, usufruindo da infraestrutura dos antigos aldeamentos para instalar povoados, explorando o trabalho indígena, mão de obra abundante, agora numa condição semisservil. As espécies vegetais naturais precisavam ser procuradas rio adentro, pelo sertão amazônico, obrigando a um movimento de dispersão populacional. Pelas dificuldades naturais que a região impunha, raros eram os homens que permaneciam muito tempo por lá, e mais rara ainda era a presença de mulheres brancas nas imediações.

Claro está que, para suportar longas distâncias e conduzir as canoas pela complexa rede fluvial da região, assim como para colher, caçar, pescar e cozinhar, somente o índio podia ser solicitado, executando tarefas que lhe eram familiares. Antes de saber o que a terra oferecia, era necessário conseguir andar por ela, fixar-se nela. Os caminhos de água, porém, pertenciam aos nativos, assim como o acesso à floresta e a seus produtos. Foi assim que a região amazônica estabeleceu a dependência do branco em relação ao índio, embora ao final esse processo tenha resultado diretamente no desaparecimento do segundo.

Foi desse modo também que os colonos, mais do que em outros lugares, viram-se às voltas com um tipo de alimentação semelhante ao dos indígenas, ou seja, com base na caça e na pesca, no consumo de farinha e de frutas silvestres.

O peixe-boi foi uma descoberta para os brancos na Amazônia, que, em pouco tempo, passaram a comercializá-lo. "A sua carne, principalmente a do ventre, é gostosíssima. Dele se fazem chouriços com as próprias tripas. Enfim, posto que tenha o nome de peixe, tem mais gosto, e aparência, de carne."[1]

Se nas regiões mais povoadas da colônia a falta de carne bovina e de peixes sempre foi considerada um problema, o mesmo não se dava naquele lugar. Diferentes espécies de peixe, comidos ao modo indígena, secos ou grelhados no moquém, e diversos tipos de caça recheavam os estômagos lusitanos e indígenas em terras amazônicas. É novamente Sampaio quem nos informa:

> Entrei nas suas casas [referindo-se aos indígenas], onde observei a abundância com que vivem; estando cheios de farinhas, frutas, pei-

---

[1] Francisco Xavier Ribeiro de Sampaio, *Diário da viagem da Capitania do Rio Negro (1774-1775)* (Lisboa: Tipografia da Academia de Lisboa, 1825), p. 53.

xes, notando especialmente os moquéns cheios de jacarés, ou crocodilos, que para eles é bocado estimado [...] Se hão de fazer reserva, guardam os assados em cestos, e de tempos em tempos se tornam a aquentar. Para o uso diário se vai tirando da mesma grelha, o que é necessário, e fica ali o resto para os mais dias.[2]

Embora a carne de jacaré parecesse estranha aos olhos do viajante, para os indígenas ela fazia parte do repertório alimentar local. A fartura notada explica-se, uma vez que os índios estavam dentro de suas terras e viviam de acordo com seus costumes, ou seja, tinham livre acesso às mais diversas espécies animais e vegetais para suprir a fome.

A tartaruga, seus ovos e sua gordura também faziam parte da dieta dos colonos amazônicos, como mostra ainda o entusiasmado viajante Francisco Xavier Ribeiro de Sampaio:

> Fomos seguindo a viagem pelas correntezas do nosso Amazonas, e avistando extensas praias, que estavam cheias de gente que tinha vindo a elas fabricar manteigas de ovos de tartaruga. Os ovos não só servem para se comerem, mas também deles se fabrica o azeite, ou manteiga, que constitui um importante ramo do comércio entre as capitanias do Pará e Rio Negro. Este azeite se purifica ao fogo. Das banhas da tartaruga se extrai também outra manteiga, que é na verdade excelente.[3]

Produto raro na colônia, assim como a carne, a manteiga de tartaruga será a gordura por excelência nessas terras, igualando-se à gordura de porco no litoral e no sul, usada para conservar e temperar os alimentos. O cardápio alimentar do português na Amazônia ficou, mais do que em outras partes do território, restrito às espécies nativas, que, embora abundantes, eram desconhecidas do gosto reinol.

No entanto, algo mais próximo do paladar português também tinha sido descoberto: as especiarias. Organizados em expedições, colonizadores e colonizados saíam à procura de castanha, salsaparrilha, pimentas e cacau, espécies nativas apreciadas também no mercado externo.

---

2 *Ibid.*, p. 61.
3 *Ibid.*, p. 86.

> [...] maravilhosas drogas, como são pimentas de muitas sortes e castas, grandes e pequenas, e ainda de outras que são doces no sabor; gengibre, melhor na grandura e tudo o mais daquele que se traz da Índia; outro fruto que se apanha de uma árvore chamada envira, de que usam muitas pessoas, por ser excelente droga, a qual usurpa para si o efeito que faz a pimenta, cravo e canela, com tingir como açafrão. Também se acha grande soma de malagueta, com haver pouco tempo se descobriu.[4]

A busca das drogas do sertão, exportadas para dentro e para fora da colônia, mostrava-se um negócio lucrativo, principalmente no campo alimentar. Se as Índias ofereciam tais matérias a preços exorbitantes, por que não experimentar as similares tropicais, que, ao que parece, substituíam em tudo as de além-mar?

Apesar de ser pequena a quantidade extraída, tornando os produtos pouco rentáveis para a exportação, era suficiente para suprir as necessidades mais próximas, incrementando a culinária interna da colônia. Foi desse modo que as senhoras brancas, donas de casa dos engenhos litorâneos, começaram a empregar nos seus pitéus toda sorte de "drogas" nativas. Se alguns doces eram em tudo semelhantes aos do Reino, levavam, com muito gosto, ingredientes da terra.

A relativa facilidade de comunicação que as águas do Amazonas e seus afluentes permitiam, o uso de mão de obra indígena e a adoção do modo de vida nativo, como não poderia deixar de ser, fizeram dessa região um caso singular no contexto colonizador da América portuguesa. Do ponto de vista alimentar, há que se destacar a particularidade dos gêneros alimentícios que a região transmitiu ao restante da colônia, entre eles a gordura de tartaruga, com seu gosto aderente, uma infinidade de tipos de peixe de água doce (comidos assados), verduras e pimentas entorpecentes, além das diversas castanhas. Foi essa região, portanto, que se encarregou de espalhar o tempero pelo cotidiano alimentar do Brasil colonial, a despeito da bruteza e crueldade com que foi devastada.

---

4 *Diálogo das grandezas do Brasil* (1618), introdução de Capistrano de Abreu (Rio de Janeiro: Oficina Industrial Gráfica, 1930), p. 195.

Nem tanto ao mar nem tanto à terra: o povoamento de São Paulo

A produção de alimentos para subsistência sempre desempenhou papel secundário na economia colonial, subordinado ao da agricultura de exportação. Se, por um lado, a Coroa se preocupava com a subsistência de seus vassalos – como demonstram as leis publicadas a partir de 1642, que obrigavam os senhores ao cultivo do "pão da terra" –, por outro, ela favorecia as atividades mais rendosas.

A partir de 1650, a colônia do Brasil recebeu levas ininterruptas de imigrantes portugueses em busca de novas oportunidades, o que determinou, ao mesmo tempo, o rápido crescimento populacional e a ocupação efetiva do território em direção ao sertão. Em termos alimentares, esse fluxo migratório foi bastante significativo, na medida em que levou à interiorização do povoamento e, consequentemente, ampliou as áreas destinadas à economia de subsistência.

A agricultura de subsistência contribuiu, portanto, para a expansão das fronteiras internas, cabendo-lhe desbravar a terra, ocupando as áreas não tomadas pela agricultura de exportação. Essas áreas, localizadas nas regiões mais interiores do território, foram povoadas por roceiros, que podiam ser donos legítimos, pelo processo de sesmarias, ou por posseiros, que ali se instalavam sem se preocupar em saber se a terra pertencia ou não a alguém.[5]

Essa gente comum, excluída do acesso a produtos importados e às técnicas europeias de plantação e cultivo, desenvolveu um modo de vida e de produção que influenciou e determinou uma dieta específica, com base principalmente nas técnicas e em produtos indígenas. Esse foi particularmente o caso da vila de São Paulo de Piratininga, que, ao contrário das regiões açucareiras no litoral, caracterizou-se pela itinerância, pela agricultura de subsistência e pelo abastecimento interno.

Formada por campos cobertos de vegetação rasteira e imensos rios –

---

[5] Essa questão é bem mais complexa, já que diz respeito à formação de um tipo de campesinato brasileiro ainda no período colonial. Como o assunto extrapola o tema principal deste trabalho, sugiro os estudos de Maria Isaura Queiroz (*Cultura, sociedade rural, sociedade urbana no Brasil*. Rio de Janeiro/São Paulo: Livros Técnicos e Científicos/Edusp, 1978) e Maria Yeda Linhares (*História da agricultura brasileira*. São Paulo: Brasiliense, 1981).

Tietê, Pinheiros, Tamanduateí e seus ribeirões –, apresentando um clima tropical de temperaturas moderadas, a vila se mostrava propícia ao estabelecimento do europeu, ainda pouco afeito ao calor do norte da colônia.

Vários foram os fatores que desviaram São Paulo da rota do desenvolvimento açucareiro, iniciado por Martim Afonso de Sousa no início do século XVI. A estreita faixa costeira, localizada na parte meridional do Novo Mundo, consistia em terrenos baixos de mangues e pântanos, diferentes em tudo do massapê argiloso do Nordeste. A impossibilidade de uma grande lavoura, portanto, devia-se tanto à terra imprópria para o cultivo da cana como também à dificuldade de conseguir mão de obra especializada.

Assim, o núcleo humano que daria início ao crescimento da vila foi empurrado para o planalto, acontecimento até então inédito para esses homens que, como diziam os viajantes, arranhavam a costa como caranguejos, numa busca incessante de ouro, índios e pedras preciosas. Desse modo, os habitantes dos campos de Piratininga iniciaram sua aventura pelos sertões, atravessando as íngremes encostas da serra do Mar à procura de maneiras de estabelecer comunicação entre o planalto e o litoral.

Forçados a um modo de viver que se parecia com a natureza rude e hostil que enfrentavam e sabendo que a escassez era a única coisa que não lhes faltava, os paulistas adotaram, como estratégia de sobrevivência, as práticas alimentares e o modo de vida dos indígenas – que se tornaram, num segundo momento, próprios do processo constitutivo de sua identidade.

Tudo leva a crer, conforme conta Sérgio Buarque de Holanda em *Caminhos e fronteiras*, que, de início, num estágio ainda de adaptação, os alimentos da dieta indígena mais facilmente aceitos e consumidos pelos colonizadores eram raízes como mandioca e macaxeira, tubérculos como inhame, cará e batata-doce, frutas silvestres e também o palmito, natural do sertão, que podia ser preparado de diversas maneiras, cru ou cozido.

Se alimentos como o palmito causaram impacto no paladar europeu, não é difícil imaginar como reagiram os colonizadores às formigas aladas comidas torradas, às cobras e aos ratos assados, às larvas de mosca retiradas dos troncos apodrecidos e aos bichos-de-taquara.

Disse-me Firminiano que os botocudos também apreciam o bicho-de-taquara e alguns, que deles se alimentam abundantemente, até chegam a engordar. O meu camarada tomou de um desses bichos, tirou-lhe a cabeça e o tubo intestinal, e sugou a gordura que ficara na parte restante. A despeito da repugnância que me causava essa iguaria, quis prová-la e achei-lhe um sabor delicadíssimo que me lembrou o do creme.[6]

Os que se embrenhavam no sertão praticavam também a caça sempre que conseguiam, selecionando as carnes de acordo com o gosto e as possibilidades. Carnes de pacas, capivaras, veados, tamanduás, antas, porcos-do-mato e macacos eram, de acordo com o paladar indígena, as preferidas. "Há ainda outra espécie de porcos anfíbios, que os portugueses chamam capivara, quase tão pretos como os outros e de carne igualmente boa."[7]

Comparada sempre à carne europeia, a caça tropical era considerada mais macia e saborosa, numa mostra de que os sertanistas tinham, ao mesmo tempo, assimilado o acervo cultural nativo e acrescentado a ele as próprias referências. Os modos de preparo, como previsível, eram também nativos e se restringiam, no que diz respeito às carnes, a assar na brasa ou moquear, isto é, grelhar.

Aves como araras, jacus, tucanos e mutuns superavam inúmeras vezes as aves europeias, quer no tamanho e no exotismo, quer no gosto.

O desenhista alemão Hercules Florence, nas proximidades de Bariri, região da província de São Paulo, pôde desfrutar das iguarias preparadas pelos indígenas e saborear as espécies oferecidas: "Mataram-se muitas jacutingas, espécie de galináceos, araras e papagaios, pássaros que figuram na nossa mesa como caça deliciosa, principalmente a primeira. O que porém leva as lampas em sabor e delicadeza são os patos d'água".[8]

Não só a caça como também a pesca guarneciam os exploradores, que se abasteciam de provisões de dourados, jaús, pacus e outros pei-

---

[6] Auguste de Saint-Hilaire, *Viagem às nascentes do rio São Francisco* (São Paulo/Belo Horizonte: Edusp/ Itatiaia, 1975), p. 105.
[7] Joan Nieuhof, *Memorável viagem marítima e terrestre ao Brasil (1640-1649)* (São Paulo: Martins, 1942), p. 46.
[8] Hercules Florence, *Viagem fluvial do Tietê ao Amazonas (1825-1829)* (São Paulo: Edusp/Cultrix, 1977), p. 36.

xes, cozidos em pequenas panelas ou atirados inteiros na brasa, com tripa e tudo, até ficarem quase carbonizados por fora – o que lhes dava um sabor delicioso, como conferiu mais tarde o etnólogo Hebert Baldus. Depois de assado e seco ao sol, o peixe era também pilado e transformado em farinha, carregada em uma pequena bolsa de pano, no bolso, por dias e noites a fio.

Para garantir a subsistência dos colonizadores que viessem na trilha dos primeiros desbravadores, foi publicado, em 1707, o Regimento de Castel-Branco, que impunha a plantação de roças de milho, feijão, mandioca, bananas e outras tantas espécies, semeadas às vezes sem muita ordenação. No livro *Os parceiros do rio Bonito*, Antonio Candido opina que tal imposição estabeleceu a dieta básica do paulista, resultando numa "despensa" própria do sertão que deu origem a um modo específico de preparar a comida e comer.

A lavoura do planalto, não obstante pequenas variações locais, baseava-se na plantação de mandioca, milho e batata-doce. Essas culturas, por sua vez, associavam-se às do amendoim, cará, feijão de diversos tipos e banana.

O milho e seus derivados de toda sorte – como os biscoitos, os bolos de farinha com melado, as pamonhas e o curau – eram parte da comida cotidiana dos paulistas. Como notou Antonio Candido, os diversos pratos preparados com milho mostram o intenso trabalho de invenção e adaptação que se realizou sobre ele, num esforço conjunto de misturar técnicas culinárias antigas com outras novas, próprias da colônia e de seus primeiros habitantes.

Não foram só as facilidades de solo e de clima que favoreceram o cultivo do milho no sertão, mas também a simplicidade das técnicas necessárias a seu preparo, emprestadas dos nativos e adequadas em tudo à vida itinerante e rústica dos moradores da vila.

O milho comido assado, ainda em espiga, era muito apreciado pelos viajantes. O grão socado segundo os métodos indígenas, com o pilão de madeira que fora adotado em praticamente todas as casas coloniais, transformava o cereal em uma massa que, depois de torrada e passada em peneira, resultava na farinha, largamente consumida pela população local. O milho moído, também conhecido por fubá, era sempre renegado, sendo seu uso destinado, em geral, aos escravos. Na região do planalto, outros produtos bastante consumidos eram a canjica fina, que fazia as vezes do arroz (pouco cultivado até fins do século XVIII), e a canjica grossa, mais rústica, que era servida sem nenhum tempero aos escravos e à gente pobre.

> Por isso, viajando-se numa estrada frequentada dessas regiões pode-se ter a certeza de encontrar sempre milho seco para animais e canjica para restauração do viajante. Chama-se canjica uma sopa feita com uma espécie de milho branco, fervido no leite ou simplesmente na água com açúcar, à qual, por requinte, acrescentam-se algumas gemas.[9]

De todos esses produtos, porém, o que ficou para sempre marcado como sendo "a cara" da gente do sertão foi a farinha de milho.

> Navegamos todo o dia, parando só para tomar refeição. De manhã, nossa gente almoçava farinha de milho desmanchada em água fria e açucarada (a jacuba). Ao meio-dia abicava-se para jantar. Comia-se a essa hora um prato de feijões feitos de véspera com toucinho e que, depois de aquecidos, misturam-se com farinha de milho.[10]

Quando descreveu essa refeição, Hercules Florence estava em Tietê, nos arredores da vila de São Paulo. Não é de estranhar, portanto, que a farinha de milho tomasse o lugar até então ocupado pela farinha de mandioca, preferida pela gente do litoral. Mais fácil de plantar, de transportar e de colheita mais rápida, o milho era mais adequado, também, às formas de plantio possíveis nos caminhos paulistas.

Tendo emprestado dos povos nativos o modo de se alimentar, os colonizadores tomaram deles também as técnicas de abertura e de cultivo de roças. A roça indígena era usada por dois a três anos, se não apresentasse problema de solo; ao final do primeiro ano, iniciava-se novo plantio em outra área, enquanto na primeira se fazia o replantio (exclusivamente com mandioca). Passados os três anos, a primeira roça era abandonada, ao mesmo tempo que já se iniciava o trabalho num terceiro campo, e assim por diante. A abundância de terras férteis e a facilidade dos exploradores para ocupá-las, se não como sesmeiros, sem dúvida como posseiros, contribuíram para que adotassem a lavoura indígena.

---

9   Jean-Baptiste Debret, *Viagem pitoresca e histórica ao Brasil (1816-1831)*, 2 vols. (São Paulo: Martins, 1940), p. 177.

10 Hercules Florence, *Viagem fluvial do Tietê ao Amazonas (1825-1829)*, cit., p. 34.

Técnica de plantio, alimentos e modo de preparo: muito foi assimilado pelos colonizadores portugueses. O fogão indígena, denominado "tucuruva" e caracterizado pela disposição triangular de três pedras no chão, serviu de base para a cozinha do mameluco paulista em suas caminhadas de exploração e povoamento. Para cozinhar, entretanto, havia não só a panela de barro vermelho como também pequenos alguidares de ferro, carregados ao longo das expedições. Comia-se invariavelmente com as mãos, aparando-se o caldo da comida com a farinha, pega então em punhados e arremessada à boca, como também notou Maximiliano, príncipe de WiedNeuwied, em 1815:

> Os portugueses também adotaram isso. Durante as refeições, colocavam do lado uma porção de farinha de mandioca seca, e iam-na jogando em punhados para a boca com tal agilidade que não perdiam o mínimo grão. Esse costume ainda se observa entre os descendentes, bem como entre os lavradores portugueses.[11]

Se o costume de comer com as mãos já havia desaparecido na Europa, na colônia continuaria vigorando por muito mais tempo, com outros tantos de origem indígena, como o hábito de comer ou servir nas cuias de cuité, ter em casa um jirau para guardar as sobras de comida, carregar água e mel silvestre em cabaças, fazer uso de peneiras, pilões e gamelas de pau.

Nascia assim a cozinha paulista, com hábitos ibéricos associados a práticas e alimentos indígenas, repassados, posteriormente, aos africanos escravizados. Essa cozinha se desenvolveu também na direção das Minas Gerais, quando o paulista subiu a serra com sua tropa de burros para comercializar produtos nas novas vilas e cidades criadas para atender às necessidades dos exploradores de minérios. E, avançando pelos sertões, essa cozinha chegou até Mato Grosso e Goiás, ligeiramente modificada, no entanto, pela introdução de verduras e frutas locais para acompanhar as refeições.

Vemos, portanto, que a sobrevivência dos paulistas dependeu de sua itinerância, flexibilidade e assimilação de costumes indígenas. Esses fatores determinaram a formação de um modelo alimentar que,

---

11 Príncipe Maximiliano von Wied-Neuwied, *Viagem ao Brasil (1815-1817)* (São Paulo: Companhia Editora Nacional, 1940), p. 68.

embora de origem autóctone, se configurou a partir de combinações caracterizadas pela oposição entre comida seca, composta de farinha e carne-seca, e comida molhada, representada pelo feijão e pelas verduras cozidas.

Antonio Candido definiu certa vez que toda cultura desenvolve um jeito de viver que lhe é próprio, do qual faz parte a alimentação, e que diz respeito tanto à vida material quanto à lógica simbólica de determinada sociedade. No caso do Brasil colonial verifica-se, com base no estudo de três casos distintos – a subsistência nos engenhos litorâneos, a particularidade do modo de vida dos exploradores de especiarias do Norte e a construção de um modo de vida paulista –, que a alimentação sempre foi assimilada numa via de mão dupla que reflete e produz, ao mesmo tempo, um processo de conhecimento, experimentação, adaptação e o surgimento de algo novo.

Assim, é possível insistir na existência de um tripé alimentar formado por farinha, feijão e carne-seca, nascido no âmbito da sociedade colonial a partir do encontro e do desencontro de culturas diferentes, e que acena para a forma peculiar como se desenvolveu essa sociedade, marcada pela dicotomia, pela hierarquia, pela diversidade e pela fome. Se entendermos que esses alimentos representam, mais do que a comida em si, a negociação de um conjunto de práticas e modos de comer, será fácil aceitar a ideia de que constituem uma espécie de linguagem por meio da qual podemos refletir sobre a própria realidade.

Trata-se, agora, de falar um pouco sobre cada uma das extremidades desse tripé.

Tucuruva
ACERVO MUSEU DA CASA BRASILEIRA

Farinha, feijão e carne-seca: um tripé alimentar

NOS CAPÍTULOS ANTERIORES, vimos que as diversas formas de ocupação do território brasileiro determinaram um aproveitamento diferente dos mesmos alimentos de subsistência. No litoral, os alimentos nativos se impunham ao homem branco; cultivados em pequena quantidade e em qualquer lugar, mal conseguiam abastecer a população dos engenhos. No interior, ao contrário, constatamos a existência de roças ordenadas, ainda que por exigência legal, que garantiam com maior êxito a alimentação comum dos povoadores e de seus escravos.

Cabe recordar que os engenhos de cana-de-açúcar do Nordeste, absolutamente voltados a um tipo de agricultura de exportação que não dava espaço a plantações dedicadas à subsistência, obrigavam os escravos a encontrar, nas brechas do sistema, lugares incomuns para uma pequena lavoura que garantisse boa parte de seu sustento. Esse foi o caso das pequenas roças encontradas no meio dos matagais e campões, assim como dos pobres pomares quase escondidos ao redor das senzalas. Mesmo assim, não foram poucas as vezes em que essa região passou por períodos de fome e de escassez, tendo sido obrigada a importar, de seus irmãos sulistas, farinha e feijão para o consumo diário.

Já na região de Piratininga e arredores (o que inclui também a região mineira e parte do Centro-Oeste brasileiro), a sobrevivência dos homens estava assegurada por uma imposição legal que obrigava ao plantio de roças de milho, feijão, banana e mandioca nos caminhos abertos em direção ao interior do planalto. Essa determinação acabou desenhando também um cenário propício à agricultura de subsistência, que tinha nos produtos agrícolas autóctones a garantia de prosperidade.

Mas se os modos de obtenção ou de produção dos alimentos eram diferentes, as maneiras de preparo obedeciam a uma lógica parecida, que misturava, em maior ou menor quantidade, os mesmos ingredientes que acabaram definindo as três categorias alimentares que constituem a base da dieta colonial. Tratemos, pois, de conhecê-las.

Farinhas: as raízes do Brasil

O cultivo da mandioca e do milho, base das farinhas brasileiras, não se distribuía de forma homogênea pelo território brasileiro antes da chegada dos portugueses. Ao contrário, suas áreas de uso e de plantio eram praticamente excludentes.

O milho se espalhava por quase todo o continente americano, desde o sul dos atuais Estados Unidos até a Patagônia. Antes da chegada de Colombo à América, o milho ocupava no Brasil áreas muito mais extensas que a mandioca, espalhando-se pelo sul da Amazônia, pelas bacias do Paraná e Paraguai, regiões Sul e Sudeste, além de grande parte do litoral, partindo do Rio Grande do Sul e chegando à Serra do Mar. Quando partiram em direção ao litoral brasileiro, os grupos tupis-guaranis levaram consigo a cultura do milho, o que explica, em grande parte, por que o milho se encontra onde estão ou estiveram grupos indígenas como os extintos tupinambás e tupiniquins ou os atuais tapirapés, teneteharas e guaranis.

A mandioca, por sua vez, consagrava-se como cultivo das terras baixas da Amazônia e da selva úmida, seguindo do sul do Brasil até as florestas da América Central. Em tempos históricos, teria também dominado todo o litoral brasileiro, acompanhando a constante migração dos povos de origem tupi, quando se constituiu o "complexo da mandioca", composto de bens de cultura material como raladores, peneiras, prensas e fornos de barro.

A *Manihot utilissima* e suas possibilidades

O mito que relata a origem da agricultura entre os teneteharas permite que se entenda um pouco mais sobre a importância que a mandioca tinha (e ainda tem), principalmente, para os povos indígenas do litoral.[1]

> Quando *Maíra* andava neste mundo, os Tenetehara não precisavam ir à roça. O machado e o facão trabalhavam por si mesmos. Sem que ninguém as levasse, as varas de mandioca caminhavam para os roçados. Era plantar num dia e colher no outro.
> *Maíra* mandava a mulher buscar a mandioca plantada na véspera. A mulher encontrava muita mandioca, que trazia para casa e preparava mingau. Quando a companheira caiu doente, *Maíra* arranjou outra, mais nova. Mandou que fosse buscar a mandioca plantada na véspera, como sempre tinha feito.
> Mas a jovem mulher duvidou de que a mandioca já estivesse crescida, o que fez *Maíra*, zangado, falar: – "Agora você vai esperar todo um inverno até a mandioca crescer".
> Desde então, os Tenetehara plantam a mandioca e esperam até o fim do inverno pela colheita. *Maíra* foi embora.[2]

A origem mítica da mandioca é narrada na maioria dos estudos etnológicos sul-americanos e, em especial, nos brasileiros. Existem diferentes versões para a mesma história, que se resume, basicamente, a um herói com poderes sobrenaturais, que age como um transformador da tribo, oferecendo a ela o meio necessário à mudança. No caso desse mito tupi, o herói dá ao grupo a raiz de mandioca, conferindo, dessa maneira, a oportunidade de conhecer a agricultura e, consequentemente, instituir um novo estágio em sua história. O herói explica que, se plantada num dia, pode ser colhida no outro, mas, irritado com a desconfiança e a incredulidade dos homens diante da rapidez do crescimento da planta, condena-os a ter que esperar "todo o inverno" até que a mandioca cresça.

---

[1] Os teneteharas são um grupo tupi pertencente à família tupi-guarani, com cultura material muito semelhante à dos tupinambás encontrados na costa brasileira no século XVI. Desse modo, o mito narrado mostra-se muito parecido com outros mitos indígenas registrados na época entre os povos tupis do litoral ou entre os tupis-guaranis do interior, possibilitando assim que seja utilizado como ilustração na análise a seguir.
[2] Mito de origem da agricultura tenetehara, em Charles Wagley & Eduardo Galvão, *Os índios Tenetehara: uma cultura em transição* (Rio de Janeiro: MEC/Serviço de Documentação, 1961), p. 136.

Esse mito carrega, entre outras possibilidades analíticas, a ideia de que é com a chegada de um alimento desconhecido, trazido por um ente sobrenatural, que se dará a passagem do estado de natureza para o de cultura. Em outras palavras, instaura a ideia de que a transformação da sociedade é feita com a introdução de uma espécie que precisa ser domesticada, plantada e colhida em tempo e modos certos.

A mandioca talvez seja a mais antiga das espécies de alimentos cultivadas na América do Sul. Descrita primeiramente pelos cronistas, habita o Brasil e o imaginário europeu desde há muito tempo: "Mandioca é uma raiz da feição dos inhames e batatas, e tem a grandura conforme a bondade da terra, e a criação que tem".[3] Gabriel Soares de Sousa, dono de um pequeno engenho na Bahia em 1568, não foi o único a comparar a mandioca ao inhame. Sem a preocupação de identificar espécies, o português certamente ficara espantado com o que vira.

Outros cronistas não pouparam esforços para descrever à exaustão o processo de preparo da raiz em massa que será consumida depois, assim como não se furtaram a retratar também seu tamanho, que podia variar de acordo com a fertilidade da terra, e sua grossura, por vezes duvidosa, comparada até mesmo com as coxas de um homem:[4]

> Depois de arrancá-las, as mulheres (os homens não se ocupam disso) secam-nas ao fogo no *boucan* tal como descreverei adiante; ou então as ralam ainda frescas sobre uma prancha de madeira, cravejada de pedrinhas pontudas (como o fazemos ao queijo e à noz-moscada), e as reduzem a uma farinha alva como a neve. Essa farinha ainda crua bem como o farelo branco que dela sai apresentam um cheiro de amido diluído durante muito tempo na água, a ponto de por ocasião do meu regresso, ao encontrar-me certo dia em lugar onde se preparava o amido, o cheiro da preparação me fez recordar logo o das choças quando os indígenas lidavam com a farinha de mandioca.[5]

---

[3] Gabriel Soares de Sousa, *Tratado descritivo do Brasil em 1587* (São Paulo, Companhia Editora Nacional, 1971), p. 172.

[4] O primeiro a dizer isso foi o cronista Hans Staden; no entanto, a expressão foi utilizada largamente, para dar uma noção exagerada do tamanho que o alimento podia adquirir.

[5] Jean de Léry, *Viagem à terra do Brasil* (Belo Horizonte/São Paulo: Itatiaia/Edusp, 1980), pp. 113-114.

Pastor calvinista, enviado ao Brasil em 1556 como missionário, Jean de Léry é sempre muito convincente em suas descrições. Dessa vez não foi diferente. O *boucan* ao qual ele se refere nada mais é do que o já mencionado moquém indígena. Processo original adotado pelos indígenas para conservação dos alimentos, ele também serve, como vimos, para secar a mandioca, que será depois moída no ralo, uma prancha de madeira incrustada de dentes de animais. Do ralo, enfim, sairá uma massa que, ao contrário do que pensa Léry, ainda não é a farinha.

Ralador de mandioca
ACERVO MUSEU DA CASA BRASILEIRA

A espécie de mandioca-brava da qual se pode fabricar farinha contém ácido prússico, substância venenosa que, se não for completamente extraída quando do preparo, pode causar intoxicação ou mesmo a morte de quem a ingere. A massa obtida no ralo deve, então, ser peneirada com água; combinando pressão manual com gestos precisos, as mulheres indígenas recolhem o líquido peçonhento em uma panela e transferem a massa, agora sem veneno, para o tipiti[6].

O tipiti funciona mediante um sistema de alavancas que prensa a massa ali colocada até que escorra todo o sumo. Esse sumo, também conhecido como tucupi, é depois aquecido ou deixado ao sol, para que evapore qualquer resíduo de ácido prússico, até adquirir a cor e a consistência do melaço de cana.[7]

Voltemos, contudo, à massa de mandioca, que, após ser espremida e ter extraído o seu suco, é arrumada em forma de bolos e deixada ao sol para secar. Esses bolos, também chamados "pães", podiam ser esfarelados sobre um tacho raso de barro (posteriormente de metal), borrifados com água e levados ao fogo até tostarem, originando o beiju, acepipe que fez muito sucesso entre os estrangeiros que por aqui chegavam, como o humanista flamengo Pero de Magalhães Gandavo:

[6] A presença desse apetrecho – o tipiti – entre outros grupos indígenas, ainda que sob formas diferentes, confirma a indicação de que o empréstimo da mandioca seria anterior ao contato com o colonizador europeu e próprio, por certo, do encontro entre os povos indígenas dos troncos linguísticos jê e tupi, no decorrer de todo o processo histórico.

[7] Ainda hoje é usado, pela maioria dos povos indígenas, como condimento líquido no preparo de peixes e carnes, adormecendo a boca e a língua e carregando em si (no seu cheiro, no seu preparo) um forte apelo afrodisíaco.

> Desta mesma mandioca, fazem outra maneira de mantimentos que se chamam beijus, os quais são de feição de obreiras, mas mais grossos e alvos, e alguns deles estendidos da feição de filhós. Destes usam muito os moradores da terra, principalmente os da Bahia de Todos os Santos, porque são mais saborosos e de melhor digestão que a farinha.[8]

Os beijus indígenas eram em tudo parecidos com os filhós portugueses, tanto em sua forma redonda quanto no gosto insosso e aderente à boca. Eram comidos geralmente pela manhã, regados com mel de pau ou mel silvestre, fazendo as vezes de bolo e pão, ou mesmo entre as refeições principais, numa espécie de merenda. O costume, entretanto, não ficou restrito à alimentação dos indígenas. Adotado pelas senhoras portuguesas por sua semelhança com o já conhecido filhó e pela falta de pão de trigo que acompanhasse as refeições, o beiju saiu das aldeias e entrou nos alpendres e nas varandas, alargando as possibilidades do paladar europeu.

No entanto, embora o beiju fosse muito apreciado, a farinha se estabeleceu como o "pão do Brasil". Por ser de fácil armazenamento e conservar-se bem durante longo período, revelou-se excelente produto de troca, após os primeiros contatos com o colonizador. E, se a origem da mandioca entre alguns índios do Brasil, além de histórica, é também mítica, a da farinha, mantimento essencial na cultura alimentar ameríndia, também o é. Detenhamo-nos, por alguns momentos, neste mito intitulado "Como os Tenetehara receberam a farinha":

> Foi há muito tempo. Os Tenetehara não tinham fogo nem conheciam a mandioca. *Maíra* estava deitado na rede e mandou que a mulher e o filho fossem colher kamamô, uma frutinha silvestre. Quando eles se foram, *Tupã* trouxe a farinha de mandioca para *Maíra* comer. Ao voltar da mata, o filho encontrou debaixo da rede do pai muitos grãos que juntou e foi mostrar à mãe. *Maíra* estava comendo desses grãos, disse ele. A mãe respondeu-lhe que não era possível, *Maíra* estava doente e não comia nada. *Maíra* recusava os alimentos, porém, cada dia, o filho ia espiar debaixo da rede e

---

8   Pero de Magalhães Gandavo, *Tratado da terra do Brasil (1583-1570)* (São Paulo: Obelisco, 1964), p. 36.

encontrava sempre os mesmos grãos. Desconfiados, mãe e filho combinaram voltar mais cedo da mata, o que fizeram, surpreendendo *Tupã* ao lado da rede de *Maíra*. *Tupã* fugiu, abandonando uma cuia cheia de farinha que o menino comeu e gostou. *Tupã* deixou varas de maniva que *Maíra* mandou sua mulher plantar. No outro dia, *Maíra* mandou buscar a mandioca plantada na véspera. A mulher, ao chegar à plantação, surpreendeu-se de encontrar a mandioca já crescida. Levou raízes para casa a fim de fabricar a farinha.[9]

Nesse mito tupi, recolhido nos idos de 1950, *Maíra* vive ainda em estado de natureza: não conhece o fogo nem a mandioca. Tupã, o herói civilizador, não somente concede aos homens a raiz da mandioca, possibilitando a introdução da agricultura entre aqueles que apenas comiam frutos silvestres, como também lhes apresenta a farinha provinda dela. O menino prova e gosta, a mãe corre a plantar e a colher as raízes, indicando que esta é uma obrigação feminina na divisão de trabalho indígena, conforme informação obtida em outra versão do mesmo mito, reproduzido aqui de maneira resumida:

> Os homens afiam o machado e mandam que derrube a mata sozinho. Varas de mandioca eram amarradas num feixe que por si mesmo se dirigia para a roça. Os Tenetehara fabricavam cestos de carregar que mandavam às roças para colher e trazer a mandioca para a aldeia. Era proibido às mulheres ver essas operações. Como isto lhes despertasse irrefreável curiosidade, várias mulheres combinaram esconder-se um dia na mata para assistir à passagem dos cestos de carregar. Quando os cestos passaram junto onde elas se escondiam, a mandioca derramou-se pelo chão. Tupã lhes apareceu muito

9 Charles Wagley & Eduardo Galvão, *Os índios Tenetehara: uma cultura em transição*, cit., 137.

[77]

zangado e disse-lhes que doravante as mulheres teriam que carregar a mandioca, deitar as raízes na água, preparar a massa e torrá-la para fazer a farinha. Foi assim que as mulheres aprenderam e foram obrigadas, desde então, a fabricar farinha para suas famílias.[10]

Guardando as diferenças contextuais, a mandioca aparece como alimento de um tempo mítico, plantada e colhida sozinha, carregada pelos próprios cestos. A curiosidade feminina, entretanto, desperta a zanga de Tupã, que, como vingança, obriga as mulheres a carregá-la e transformá-la em farinha. Fica claro, mais uma vez, que o cultivo agrícola era atribuição feminina, assim como a produção da farinha.

Nos dois mitos mencionados, o erro de escolha ou mesmo a desconfiança dos indígenas para com o herói criador geram a necessidade de trabalho e das regras sociais de produção, evidenciando assim todo um sistema de relações reais ou simbólicas, como diria Lévi-Strauss, entre as mulheres e o alimento sob seus cuidados. O cultivo da mandioca e sua inevitável transformação em farinha pelas mulheres mostram também uma adequação social, econômica e cultural do alimento: as massas de beiju cedem lugar à farinha torrada, que passa a fazer parte do pensamento mítico ameríndio e, a partir do contato com o colonizador, conquista definitivamente o paladar ocidental.

> Este é o mantimento a que chamam farinha de pau, com que os moradores e gentios desta Província se mantêm. Há todavia farinha de duas maneiras: uma se chama de guerra e outra fresca. A de guerra se faz desta mesma raiz, e depois de feita fica muito seca e torrada, de maneira que dura mais de um ano sem se danar. A fresca é mais mimosa e de melhor gosto, mas não dura mais que dois ou três dias, e como passa deles, logo se corrompe.[11]

O cronista flamengo Pero de Magalhães Gandavo – embora paire ainda hoje a dúvida sobre o fato de ele ter estado em terras tropicais – sabia muito bem do que estava falando. A farinha fresca a que ele se refere, também conhecida por farinha-d'água, era apenas um dos possíveis modos de transformação da raiz em produto comestível, segundo

---
10 *Ibid.*, p. 136.
11 Pero de Magalhães Gandavo, *Tratado da terra do Brasil*, cit., p. 36.

o qual a mandioca recém-colhida era colocada em água corrente por alguns dias, até amolecer e soltar a casca, num processo conhecido por *puba* ou *mandiyvunga*.

> Costumam as índias lançar cada dia destas raízes na água corrente ou na enxarcada (*sic*), quando não têm perto a corrente, onde está a curtir até que lança a casca de si; e como está dessa maneira, está curtida; da qual traz para casa outra tanta como lança na água para curtir, as quais raízes escascadas ficam muito alvas e brandas, sem nenhuma peçonha, que toda se gastou na água.[12]

Gabriel Soares de Sousa somente omitiu o forte cheiro de amido liberado nesse processo, lembrando em tudo o de um pão azedo, fato que não impediu, entretanto, sua aprovação por grande parte do paladar europeu residente em terras tropicais. Esse processo de pubar é, com efeito, pouco trabalhoso, e dele resulta apenas um subproduto da mandioca – a farinha de puba –, que em pouco tempo se mostra imprestável ao consumo. A farinha-d'água, com sua aparência fina e amarelada (lembrando até a farinha de trigo do reino) e gosto acentuadamente mais úmido, embolorava com facilidade, não se prestando ao consumo num país cujo clima dificultava a conservação dos alimentos, exigindo mantimentos que pudessem ter longa vida.

No entanto, outro modo de preparo da farinha de mandioca mostrava-se muito mais eficaz.

> O mais ordinário e principal alimento do Brasil é o que se faz da mandioca, que são umas raízes maiores que nabos e de admirável propriedade [...] [depois de] raladas, espremidas e desfeitas em farinha, cozem a mesma farinha, mexendo-a na bacia como confeitos, e esta, se a torram bem, dura mais que os beijus, por isso é chamada farinha de guerra, porque os índios a levam, quando vão à guerra [...], e os marinheiros fazem dela sua matalotagem daqui para o Reino.[13]

---

12 Gabriel Soares de Sousa, *Tratado descritivo do Brasil em 1587*, cit., p. 176.
13 Frei Vicente de Salvador, *História do Brasil (1590-1627)* (São Paulo: Melhoramentos, 1954), p. 61.

Forno indígena
ACERVO MUSEU DA CASA BRASILEIRA

Frei Vicente de Salvador procurou ser sempre fiel ao que experimentou em sua terra natal.

A farinha de mandioca, torrada nos rasos tachos de barro, era depois resfriada e armazenada em grandes cestos trançados de folhas de palmeira, também chamados paneiros, forrados internamente com folhas de bananeira ou sororoca, que impediam a entrada de ar, água ou mesmo luz, garantindo assim sua conservação por um longo tempo. Ficou conhecida nas terras coloniais como farinha de guerra ou farinha de pau, participando como mantimento principal não só das guerras intertribais como também das guerras entre os colonizadores e os próprios nativos. Mas foi sobretudo por seu caráter itinerante e rústico e pela durabilidade garantida com o modo original de conservação que a farinha de guerra passou da qualidade de comida indígena ao *status* de alimento colonial.

> Os luso-brasileiros chamam-na farinha de mandioca, ou de pau [...]. É misturada ao feijão e a outros pratos a que se costumam juntar molhos e, quando se comem com alimentos secos, lançam-na à boca com uma destreza adquirida, na origem, dos indígenas e que ao europeu muito custa imitar. [...] há luso-brasileiros que acham mesmo que, misturada a certas substâncias alimentícias, é mais agradável que o pão de trigo.[14]

Sabemos que Saint-Hilaire foi um viajante muito entusiasmado com os costumes tropicais, provando os alimentos que lhe eram oferecidos e registrando o seu gosto com certa benevolência. Outros viajantes, no entanto, tinham enormes dificuldades de adaptação ao paladar que se impunha, indígena quanto à origem dos alimentos e a algumas formas de preparo, baseado na carne de caça e pesca moqueadas, nos beijus e na farinha crua, que fazia cócegas no céu da boca.

Obrigados a aceitar a alimentação que lhes era oferecida nos pousos e nas casas por onde passavam, os viajantes notaram, como Saint-Hilaire, o apreço dos próprios colonos ao alimento nativo.

---

14 Auguste de Saint-Hilaire, *Viagem ao Espírito Santo e rio Doce* (São Paulo/Belo Horizonte: Edusp/ Itatiaia, 1974), p. 56.

Se o gosto vem da falta de alternativas, aqui isso pouco importa. Alimento vital à sobrevivência do homem em terras tropicais, os colonizadores levaram para suas novas moradas, além da mulher índia, a espécie de raiz nativa e seus modos de preparo, numa tentativa de escapar da dependência indígena para a produção de alimentos.

Segundo Sérgio Buarque de Holanda, o único avanço perceptível que o colono português inseriu no processo indígena de fabricação da farinha de mandioca foi a prensa de lagar. Mas, ao aprender a fabricar a farinha, os colonizadores ampliaram o tamanho das roças e incrementaram os utensílios utilizados na produção. Nos inventários e testamentos da época, são comuns, nos registros dos senhores de terras, as rodas e os ralos de cobre utilizados para triturar a mandioca e a prensa para espremer a massa da farinha.

É claro que, nesse encontro de culturas, a troca sempre se deu numa via de mão dupla. Se a farinha de guerra não cedia às intempéries, ela, no entanto, entregava-se à mistura dos costumes. Habituados às açordas, não demorou para que os brancos misturassem muitos punhados de farinha aos mais diversos caldos, mexendo sempre com a mão, com destreza suficiente para não queimar os dedos.

Detentores de uma tradição camponesa europeia, nascida e fortificada à base de papas e líquidos misturados aos cereais, os lusitanos acrescentavam a uma cuia de caldo quente – fosse de verduras, de peixe, de carne, fosse de tartaruga – farinha de mandioca em quantidade suficiente para que a mistura ficasse granulada, com aparência pegajosa, grudenta e viscosa, tal qual um legítimo *minga'ú* tupi ou um pirão brasileiro. Chamado de "comida gosmenta", no linguajar tupi, o pirão nasceu como a perfeita mistura da técnica portuguesa com material nativo, resultado de um longo processo de experimentação entre o encontro do líquido quente com a farinha seca, despejada com parcimônia para não empelotar, e uma mão sempre a mexer, atenta ao ponto certo: entre mole e líquido na panela, aprumado e firme quando provado com a ponta da faca.

Tornada moeda de troca, garantia de sustento nas viagens de exploração e desbravamento, a farinha de mandioca seca e torrada, famosa como farinha de guerra, pronta para ser comida de arremesso ou de colher, era o alimento perfeito para a expansão no mundo colonial. E, mesmo com os ajustes necessários advindos do encontro de diferenças no processo de negociação, a farinha seca continuou imperando

[81]

durante muito tempo como alimento comum das terras do Novo Mundo, incorporada a um sistema alimentar novo, partilhado por portadores de culturas alimentares diferentes e por vezes opostas, o que indica também seu caráter unificador nesse âmbito histórico particular.

O milho maís e o mito da estrela

Examinemos brevemente um mito que relata a origem das plantas cultivadas entre o povo apinajé, recolhido pelo alemão Curt Niemundaju em 1939:

> Um jovem viúvo, que dormia ao ar livre, se apaixona por uma estrela. Ela aparece para ele, primeiro na forma de uma rã e depois de uma bela jovem, com quem ele se casa. Naquela época, os homens não sabiam cultivar plantas, comiam carne com madeira podre à guisa de legumes. Estrela traz para o marido batata-doce e inhame e o ensina a comê-los.
> O rapaz esconde cuidadosamente a mulher numa cabaça, onde seu irmão mais novo a descobre. A partir de então, ele vive publicamente com ela. Um dia, ao tomar banho com a sogra, Estrela se transforma em gambá e faz a velha reparar numa árvore grande carregada de espigas de milho. "É isso", diz ela, "que os humanos deveriam comer, em vez de madeira podre." Na forma de gambá, ela sobe na árvore e colhe espigas. Depois volta a ser mulher e inicia a sogra na arte de preparar beijus. Encantados com esse novo alimento, os homens resolvem derrubar a árvore do milho com um machado de pedra. Mas, sempre que eles param para respirar, o talho se solda novamente. Mandam dois adolescentes à aldeia, em busca de um machado menor. No caminho eles capturam um gambá, matam-no, assam-no e comem-no, embora a carne seja proibida para os rapazes. Mal terminam a refeição, transformam-se em velhos de costas arqueadas. Um feitiço consegue devolver-lhes a juventude.
> Apesar das dificuldades, os homens conseguem finalmente derrubar a árvore. Estrela ensinou-lhes a limpar o terreno e fazer uma plantação. Quando o marido morreu, ela voltou para o céu.[15]

---

[15] Curt Niemundaju *apud* Claude Lévi-Strauss, *O cru e o cozido* (São Paulo: Cosac e Naify, 2004), p. 198.

É novamente o mito que sugere a oposição entre estado de natureza e estado de cultura, viabilizando a passagem de um para outro com a aquisição da planta cultivada.

De grande importância simbólica, que se traduz em numerosas referências míticas e rituais, o milho era utilizado principalmente para a fabricação de uma bebida fermentada chamada *chicha* pelos guaranis brasileiros e paraguaios, ou cauim, descrita vivamente por Hans Staden no século XVI. Se na América do Norte e nos Andes era consumido como cereal, nas terras baixas tropicais seu uso como planta de sustento foi muito limitado, em razão principalmente de fatores culturais.

Para o folclorista Câmara Cascudo, o milho dos indígenas foi visto pelos cronistas como uma espécie de guloseima, acostumados que estavam, no velho continente, ao uso do milho miúdo, ou milho alvo, preparado sempre cozido ao estilo da canjica. O milho mais encontrado no continente sul-americano se diferenciava, no gosto e no uso, da espécie europeia: "é mantimento mui proveitoso para sustentação dos escravos da Guiné e índios, porque se come assado e também em bolos, os quais são muito gostosos, enquanto estão quentes, que se fazem dele, depois de feito em farinha".[16]

Novos usos de um cereal quase desconhecido, este era o espanto dos homens que por aqui chegavam. O milho, depois de seco, era pilado em farinha grossa, único modo de conservação possível por longo tempo, e utilizado também no preparo de mingaus ou angus por indígenas e africanos, sempre relegado pelos portugueses que aportavam no litoral a ser comida secundária.

Os colonizadores acabaram adotando o milho como acepipe de pouca importância. Mesmo com as novas técnicas empregadas, como o caso do moinho de vento no Nordeste brasileiro, o produto resultante, conhecido como fubá, era tratado como inferior, pouco nutritivo, destinado à engorda dos escravos e dos animais.

Foi desse modo, também, que o uso cultural do alimento ajudou a criar hierarquias e reproduzir formas sociais específicas. O milho, cereal que ocupava posição central para alguns povos indígenas, como os guaranis, caingangues, caiapós e outros, em uma enorme gama de festas e rituais, foi considerado pelos estrangeiros um alimento pouco sadio.

---

16 *Diálogos das grandezas do Brasil (1618)* (Rio de Janeiro: Oficina Industrial Gráfica, 1930), p. 180.

A cultura do milho acompanhou, como vimos, o movimento dos grupos tupis-guaranis, adquirindo importância vital na alimentação desses povos em constante processo de nomadismo. Por crescer rápido e exigir poucos cuidados, o cereal atendia à necessidade desses indígenas de deslocamento e rápida adaptação a um novo meio.

Ao se instalarem nas terras indígenas da região do planalto, vila de Piratininga e, posteriormente, Minas Gerais, os colonizadores que tinham índios em condição de escravidão acabaram recebendo ampla influência desses conhecimentos ecológicos e culinários. Dessa forma, a presença do milho na alimentação dos paulistas desde o século XVII deve-se, em parte, ao apresamento da população tupi-guarani a partir do século XVI e a seu transplante para o planalto paulista.

Foi em São Paulo e nas áreas de expansão paulista, portanto, que a cultura do milho atingiu mais importância, principalmente se comparada à da mandioca. Além disso, as áreas de cultivo encontradas pelos primeiros colonizadores na região, ao se embrenharem mais e mais pelo interior, caracterizavam-se por pequenas roças abertas no meio dos caminhos de exploração. O milho, portanto, tinha a vantagem de ser fácil de transportar e começava a produzir em poucos meses.

No rastro das roças de milho, o consumo de sua farinha parece ser evidente:

> [é necessário] levar consigo o trem de cozinha e, onde quiser pernoitar, mandar a sua gente preparar a carne-seca e o feijão-preto. Estes são os comestíveis quotidianos, e, em vez de pão, usa-se no Brasil de farinha de mandioca, exceto no planalto e em toda Minas Gerais, onde se usa da farinha de milho. Nas casas das roças despejam-se simplesmente alguns pratos de farinha sobre a mesa ou num balainho, donde cada um se serve com os dedos, arremessando, com um movimento rápido, a farinha na boca, sem que a mínima parcela caia para fora.[17]

O naturalista alemão Freireyss, que esteve no Brasil em 1813 acompanhando o barão de Langsdorff, não poderia ser mais preciso.

---

17 G. W. Freireyss, "Viagem ao interior do Brasil nos anos de 1814-1815", em *Revista do Instituto Histórico e Geográfico de São Paulo*, vol. XI, São Paulo, 1906, p. 163.

O consumo de farinha de milho, feita do cereal seco triturado no pilão de madeira indígena, tornara-se o modo alimentar do colono paulista, que arrastava serra acima seus hábitos recém-adquiridos. De resto, tudo parecia igual: os balainhos a que se refere Freireyss nada mais são do que as cuias de cuité, usadas também no litoral; o hábito de comer com as mãos, de arremesso, emprestado dos indígenas, de tão comum começava a parecer até natural, próprio do português.

Não obstante o uso do milho ter-se generalizado no planalto paulista e no interior do território, seus múltiplos usos continuavam criando e reproduzindo formas de hierarquia social: o milho moído pelos monjolos, conhecido por fubá, continuava a ser tratado como "quirera", uma comida ordinária, própria para engordar os escravos e também destinada aos animais.

Foram esses fatores, notadamente de caráter cultural, que contribuíram para a eleição da farinha de milho como o "pão da terra" nessa região.

Se a farinha de mandioca era considerada por muitos paulistas menos nutritiva e sadia, a de milho assim o era pelos habitantes do Norte. Aos olhos do vizinho nortista, o milho era alimento pouco domesticado, cultivado em roças itinerantes com mão de obra e técnica indígenas; precisava de poucas sementes, pouco espaço, pouca mão de obra, pouca civilização.

Para os paulistas, foram essas mesmas características, aliadas a práticas simples e rústicas, os fatores fundamentais ao desenvolvimento do que Sérgio Buarque de Holanda denomina "civilização do milho". A produção – que visava, num primeiro momento, apenas a subsistência familiar – precisou ser aumentada por ocasião do descobrimento e da exploração das minas e em função da vinda dos escravos e da necessidade da criação de animais para consumo e carga.

Qualquer que fosse a preferência, milho ou mandioca, o fato que mais nos interessa aqui é a transformação desses itens num produto comestível que ganhou a cara do Brasil: a farinha.

> Preparam também uma sorte de farinha de peixe e carne, do seguinte modo: assam a carne, ou o peixe, na fumaça sobre o fogo, deixam-na secar de todo; desfiam-na, torram-na de novo depois, ao fogo, em vasilhas queimadas para tal fim e que chamam inhêpoã; esmagam-na após em um pilão de madeira, e passando isto numa peneira, reduzem-na a farinha. Esta se conserva por muito tempo.

O uso de salgar peixe e carne, nem o conhecem. Comem tal farinha junto com a de mandioca, e isto tem muito bom gosto.[18]

O alemão Hans Staden, que quase se transformou num "manjar de índio", durante o tempo em que permaneceu no cativeiro, passou a apreciar todas as formas de comida que não fosse "gente assada". Como mostra o relato, carnes, peixes e todo tipo de alimento que sobrava eram assados ou defumados no moquém, desfiados e torrados novamente, dessa vez em panelas de barro próprias para se levar ao fogo. Depois eram triturados em pilões de madeira e completamente reduzidos a pó. Desde que acondicionadas, como as de mandioca e de milho, em cestos ou potes bem secos e vedados com folhas, essas farinhas podiam ser conservadas por muito tempo. A mistura a outra farinha, como relatou Staden, era uma forma opcional de comer essas iguarias, numa forte semelhança com a paçoca de carne tão estimada dos paulistas. A farinha de peixe, carne ou verduras, acrescida à de mandioca ou de milho, era então carregada em longas viagens e comida com as mãos, sem caldo, constituindo muitas vezes a refeição completa.

Os indígenas, por certo, já estavam habituados e submetidos aos caprichos climáticos das terras tropicais, que oscilavam entre grandes secas e chuvaradas intermináveis, prejudicando as plantações e as atividades de caça e coleta. Carne, peixe, milho ou mandioca, tudo era transformado em farinha, maneira original de conservar o alimento num país sempre surpreendido por intempéries. Os portugueses, por sua vez, acostumados aos caldos e aos molhos da culinária camponesa europeia, caracterizada também pela gordura de seus pratos, próprios para o clima frio, depararam com um padrão alimentar muito diferente, acentuadamente mais seco, propício, entretanto, ao clima úmido do novo continente. De modo original de conservação a alimento nacional, a farinha contribuiu, sobremaneira, para os ajustes necessários ao desenvolvimento de uma civilização de paladar seco em clima tropical.

---

18 Hans Staden, *Duas viagens ao Brasil (1557)* (São Paulo/Belo Horizonte: Edusp/Itatiaia, 1974), p. 162.

Carne-seca: solução brasileira?

Os índios sul-americanos eram, em sua maior parte, antes caçadores do que agricultores. Esse fato é corroborado tanto por alguns relatos míticos como pela enorme variedade de aves, peixes e caças encontrada nas terras novas, tal qual descrevem os cronistas e viajantes. Vejamos um bom exemplo dado pelo calvinista Jean de Léry:

> [Há] certas espécies de veados e corças [...] javalis do país, que os selvagens denominam taiaçu [porcos-do-mato] [...] um bicho vermelho chamado aguti [cutia], de sabor agradabilíssimo. Outros, de duas ou três espécies diferentes, chamados tapitis [coelhos-do-mato], parecem-se muito com as nossas lebres e têm quase o mesmo gosto [...] Também apanham nas florestas certos ratos, do tamanho dos esquilos [...] e de carne tão delicada quanto a do coelho. O pag ou pague [paca] tem a carne do gosto da vitela. Existe outro animal ao qual os selvagens chamam sariguá [gambá], que tem mau cheiro e não o comem os índios de boa vontade. Esfolamos alguns desses animais, verificando estar na gordura dos rins o mau odor; tirando-lhes essa víscera, a carne é tenra e boa. A carne do tatu é branca e muito gostosa. [...] Além desses animais, que constituem a alimentação habitual dos americanos, comem eles crocodilos, chamados jacarés, e lagartos, que, destripados, lavados e bem-cozidos, apresentam uma carne branca, delicada, tenra e saborosa como o peito de capão, constituindo uma das boas viandas que comi na América.[19]

O inventário feito por Léry a respeito do que comiam os tupinambás da costa já demonstra a imensa diversidade de carnes de caça disponível em apenas um pedaço do território brasileiro. Munidos de arco, flecha e clava, podendo, desse modo, matar a curta ou a longa distância, esses índios aproveitavam um tempo de relativa abundância de variedade e de quantidade, escolhendo sempre o melhor animal para comer.

Assim também era com os peixes:

---

19 Jean de Léry, *Viagem à terra do Brasil*, cit., pp. 97-99.

Me contento de dar princípio ao que tenho para dizer dos pescados que habitam no terceiro elemento das águas. Também se pescam muitos dourados, meros, moreias, pescadas, tainhas, cações, albacoras, bonitos, lavradores, peixes-espada, peixes-agulha, xeréus, salmonetes, sardinhas, todas estas sortes de pescados são gordos e gostosos para se comer.[20]

Se o inventário dos cronistas parece extenso, maior seria ainda a possibilidade de enumeração de todos os tipos de aves, répteis, mamíferos e peixes consumidos na colônia. Preparadas à maneira indígena – assadas em espeto horizontal ou assadas e defumadas no moquém –, as carnes (aqui entendidas de maneira genérica) igualavam-se, também, no que diz respeito a seu ponto de cozimento: sempre cozidas "a mais", ou, em termos culinários, "passadas do ponto", com todo o seu caldo quase seco. Claro que esse processo de cozimento não era em nada aleatório: a carne ressecada pelo moquém tinha mais garantia de validade numa terra tão quente.

No entanto, um modo específico de inserção do homem branco no território do sertão marcaria para sempre uma mudança nos hábitos alimentares do país: a criação de gado e sua transformação em carne-seca.

O sistema alimentar mostrado há pouco, já adequado ao clima úmido e aos problemas de conservação dos trópicos, garantido pela farinha seca, alguma "mistura" molhada de feijão ou verdura e um naco de carne, era também carregado em lombo de burro por homens que se embrenhavam no interior das terras novas.

A cultura da cana-de-açúcar, como se viu, não permitia muita coisa a seu redor além de uma lavoura dedicada aos gêneros alimentícios de manutenção dos engenhos, caracterizados como produtos de subsistência, autóctones, herdados dos indígenas.

Na qualidade de gênero de subsistência incluía-se também a carne de gado, destinada a satisfazer a necessidade alimentar de uma pequena parte da população colonial. Em um primeiro momento subordinada à grande lavoura de exportação, a atividade pecuária teve papel fundamental na garantia de um alimento vital à colônia, embora sua importância tenda a ser tratada como acessória. Tendo como centro

---

20 *Diálogo das grandezas do Brasil (1618)*, cit., p. 225.

as regiões dos engenhos de cana, a criação de gado dali se desenvolveu em direção ao sertão, expandindo-se primeiro para o Nordeste e depois para o Centro-Oeste do território. Assim, a pecuária não foi somente uma atividade econômica, mas, antes, uma maneira de povoar as terras perdidas da colônia.[21]

Transplantado para o Brasil em 1549, o sistema de sesmarias diferia muito da lei original portuguesa, de 1375, que tinha como objetivo redistribuir as terras improdutivas entre os que nelas quisessem trabalhar, a fim de melhorar a produção agrícola. Assim, pequenos pedaços de terra eram redistribuídos a famílias ou mesmo a pequenos proprietários que contassem com trabalhadores assalariados, para que fossem adequadamente cultivados; o uso de gado era restrito aos carros de bois necessários para o preparo da terra. Adotada pelo inverso, a lei de sesmarias na colônia beneficiou apenas os latifundiários do litoral, que reivindicavam imensas terras no sertão para manter o gado solto, em estado quase selvagem.

Ignorando um decreto vindo da Coroa em 1697, que reduzia a área da sesmaria, os senhores do sertão iniciaram a colonização das terras de dentro com o gado e seu criador direto, o vaqueiro, recrutado entre índios e mestiços.

A partir do final do século XVIII, no entanto, pequenos proprietários recém-chegados de Portugal, não tendo dinheiro para se dedicar à agricultura de exportação do litoral (de cana, tabaco ou mesmo algodão), partiram para o interior em busca de alguma solução viável dentro da colônia, que, até então, parecia nada ter a oferecer a quem viesse com pouco capital. A criação de gado, portanto, permitiu a instalação desses homens numa "terra de ninguém", onde viviam índios bravios, escravos fugidos, criminosos foragidos da Justiça, mestiços de todas as cores, enfim, aventureiros de todo tipo, e contribuiu também para a formação geográfica do território colonial.

---

21 Compartilho aqui, entre muitas outras, das visões sobre as formas de expansão do território brasileiro apresentadas por Caio Prado Júnior em *História econômica do Brasil,* corroboradas por Sérgio Buarque de Holanda no primeiro volume de *História geral da civilização brasileira* e por Charles Boxer em *A idade de ouro no Brasil.* Como a discussão é mais ampla e meu objetivo é outro, as indicações de leitura se completam com *História econômica do Brasil,* de Roberto Simonsen, e *Caminhos e antigos povoamentos do Brasil,* de Capistrano de Abreu, incluídos na bibliografia geral deste livro, entre outros.

Não se sabe precisamente como se deu a expansão pastoril no país. Existe uma hipótese de que a primeira área efetivamente ocupada com gado tenha sido a região da caatinga do Nordeste, contígua aos centros açucareiros de Pernambuco e Bahia, visando fornecer carne e animais para o trabalho nos engenhos, assim como para o transporte na zona da cana.

Essa região oferecia, ao mesmo tempo, condições menos e mais favoráveis ao estabelecimento dos homens e dos animais. Por um lado, a vegetação arbustiva não tinha a quantidade necessária de grama e de ervas para a alimentação do gado; por outro, permitia a instalação do homem sem que ele tivesse um trabalho preliminar de desmatamento da área destinada ao pasto. Os poucos rios existentes obrigavam à permanência humana ao longo das margens do São Francisco, favorecendo um tipo de povoamento regular, ainda que ralo. Fora isso, o território era marcado pela presença constante de afloramentos salinos, os chamados lambedouros, que forneciam o sal necessário ao gado. Desse modo, as caatingas concentraram grande parte da atividade pecuária por muito tempo, pois estavam ligadas aos centros mais ricos e mais densamente povoados do período. Partindo da Bahia em direção a Sergipe, recém-conquistado em 1590, o gado atravessou o rio São Francisco, atingindo o sul do Piauí e do Maranhão, e chegou por fim ao Ceará, em 1690. Por sua vez, o gado saído de Pernambuco ocupou a costa da Paraíba e do Rio Grande do Norte, seguindo para o interior até chegar ao Ceará, onde confluíram as duas correntes. Essas duas ondas de povoamento se encarregaram de ocupar os sertões e fizeram das margens do rio São Francisco um condensador natural de populações.

O tamanho-padrão de uma fazenda de criação era de 3 léguas, mas, na prática, ele nunca chegou a se impor. O proprietário era obrigado a arrendar grande parte de suas terras a um vaqueiro, que podia ser branco, africano ou indígena. Em geral, preferia-se o mestiço, um forte, com as características híbridas necessárias ao ambiente inóspito do sertão. O vaqueiro, aquele que cuidava do estabelecimento, ganhava um "salário" estipulado em um quarto das crias ao longo de cinco anos de trabalho, com o que, mais tarde, podia formar sua própria fazenda. Com o gado criavam-se também cavalos, companheiros do homem na vigilância e na condução das boiadas, que funcionavam, além de montaria, como animais de carga.

O rápido crescimento das fazendas de gado no sertão também se explica pela facilidade com que se estabeleciam os lugares de criação:

construía-se uma choça de palha de carnaúba, alguma cerca improvisada servindo de curral, e estava feito. De mais a mais, o gado se transportava a si mesmo, não sendo para isso necessário mais do que vigiar e reunir as reses quando fosse o momento de viajar.

Além do vaqueiro, havia mais alguns homens que trabalhavam como auxiliares, a maioria na condição de escravos, e cujo número dependia do tamanho da fazenda. Eles se ocupavam da roça de subsistência que fornecia a alimentação do pessoal. As roças eram plantadas ao longo dos rios que cortavam o sertão, nas chamadas vazantes, que não eram muitas, como se sabe, numa região castigada pela seca.

No entanto, como no caso da monocultura da cana-de-açúcar, em que não havia lugar para uma plantação sistemática de subsistência que atendesse à demanda dos engenhos, a atenção das fazendas de criação era voltada exclusivamente ao gado. Somando-se esse fato à adversidade da terra, o sertanejo ficou restrito, no que diz respeito à sobrevivência alimentar, aos poucos mantimentos excedentes nos engenhos e aos produtos que o animal de criação podia oferecer.

> A sua alimentação é substancial e consta de leite, usado para consumo tanto dos homens e dos animais como para a fabricação de queijos, que não costumam vender, de farinha de mandioca e de carne-seca. [...] A caça dos diferentes animais próprios para comer daria aos vaqueiros com que variar agradavelmente a sua alimentação, se nessas regiões longínquas a pólvora e o chumbo não fossem tão escassos e tão caros; essa a razão por que os caçadores não são comuns em várias zonas, e os habitantes dessas consomem, invariavelmente, farinha, feijão-preto e carne de boi.[22]

Acostumado a uma alimentação baseada em queijos, manteiga e leite, era natural que o príncipe considerasse substanciosa a alimentação sertaneja. O que ele desconhecia, no entanto, é que, nas condições de vida impostas pela caatinga, ambiente desfavorável ao cultivo dos gêneros agrícolas, o mestiço ficava à mercê dos mantimentos que o proprietário era obrigado a fornecer, e que consistiam, geralmente, da farinha de mandioca em sacos, completada com uma vaca ao mês para todo o

---

[22] Príncipe Maximiliano von Wied-Neuwied, *Viagem ao Brasil (1815-1817)* (São Paulo: Companhia Editora Nacional, 1940), p. 405.

pessoal, descontada na ocasião do pagamento. Além disso, dependia de uma rala produção de feijão, que muitas vezes não chegava a vingar, já que a zona não contava com água suficiente e o solo era salgado demais para essa plantação.

O leite, que não fazia parte do repertório alimentar do mestiço, foi adotado por uma questão de sobrevivência, embora geralmente fosse consumido coalhado ou em forma de queijo grosseiro. A fabricação de manteiga, que necessitava de um leite muito mais gordo, jamais foi tentada nessas paragens. Assim como o gado, o sertanejo vivia "à lei da natureza, pastando a erva rala", como bem expressou Caio Prado Júnior. A carne do sertão nordestino era, como o vaqueiro, dura, musculosa, resistente: "A carne de boi é má; vem do interior, sendo muito magra, porque os animais vêm mal-alimentados pelo caminho".[23]

Ora, o interior a que se referem esses dois viajantes prussianos é o sertão nordestino, que em 1819 já abastecia o Rio de Janeiro. O gado mal-alimentado, vivendo em condições de extrema rusticidade, criado de acordo com os processos mais rudimentares, fornecia a carne ruim que durante muito tempo alimentou a colônia. Não era raro que mesmo a gente mais remediada, que se dava ao luxo de ir ao açougue público no domingo comprar carne fresca, também chamada verde, preferisse, quase sempre, a carne de porco:

> E se os animais rendem assim tão pouco ao seu criador, isso não se deve ao fato de que nessa região seja consumida uma parte do gado na alimentação das famílias, nem que elas se nutram exclusivamente da carne das suas vacas, pois até mesmo as pessoas abastadas só usam na sua mesa feijão, carne de porco, arroz, leite, queijo e canjica.[24]

Saint-Hilaire foi um atento observador dos costumes do Brasil. Mais até do que isso, grande entusiasta da vida nas terras novas. Consideremos, portanto, que seu comentário está correto. Havia, com certeza, uma preferência pela carne de porco, em detrimento da carne de gado fresca. Tal hábito se explica por várias razões. Uma delas é a possível

---

[23] T. Leithold & L. Rango, *O Rio de Janeiro visto por dois prussianos em 1819* (São Paulo: Companhia Editora Nacional, 1966), p. 19.
[24] Auguste de Saint-Hilaire, *Viagem à província de Goiás* (São Paulo/Belo Horizonte: Edusp/Itatiaia, 1975), p. 52.

ligação com a tradição lusitana no preparo de pratos com produtos do porco, praticada com êxito na colônia em razão, principalmente, das facilidades da criação de suínos. Outra, que nos diz respeito imediatamente, são as péssimas condições de criação de gado vacum no sertão. Os cuidados com os rebanhos eram mínimos: não havia nada além de mezinhas para curar as feridas dos animais, e estas nem sempre eram eficazes. Uma ferida exposta, sabe-se, é o lugar predileto para o pouso de moscas varejeiras, transmitindo, primeiro ao gado e depois ao seu consumidor, toda sorte de doenças. Além disso, as longas distâncias a que eram submetidos os bois para o abate e as péssimas condições de viagem, sem comida e água no caminho, eram responsáveis por uma carne magra e dura, que o consumidor muitas vezes encontrava já em estado putrefato, cheirando mal, por vezes intragável.

Como mostra Luís dos Santos Vilhena:

> Já falei dos diferentes sertões, donde saem os bois que se consomem nesta cidade e que nenhum fica em distância menor de 70 ou 80 léguas, muitos na de 100 a 150 léguas, não poucos na de 200 e mais léguas. À vista pois do referido, quem há que não conheça estar a carne daqueles animais tão longe de ser bom alimento que antes é mortífera a quem come. Quem não vê que aqueles bois, posto que estão em pé, estão corruptas as suas carnes?[25]

Entretanto, o gado em pé não seria o único fornecedor de carne a uma população carente dela; a transformação dele em carne-seca firmou-se como excelente solução no suprimento de proteínas e passou a ser marca distintiva da alimentação colonial. A vantagem do peso reduzido e da conservação por longo tempo trouxe alívio ao problema de viajar por tão grandes distâncias. Além disso, a falta de umidade natural do sertão revelava-se uma circunstância altamente favorável para a produção de carne-seca, que era exposta para secar ao sol em finas mantas, por cima de tiras de couro.

Era preciso cuidado constante para que o ar e o sol penetrassem na carne por igual e, ao final de dois ou três dias, a carne estivesse dura e completamente seca, pronta para ser consumida ou armazenada.

---

25 Luís dos Santos Vilhena, *Cartas de Vilhena: notícias soteropolitanas e brasílicas* (Salvador: Imprensa Oficial da Bahia, 1922), p. 161

A hierarquia alimentar se verifica também com relação à carne de gado, que era preparada e consumida de acordo com a parte que se podia adquirir. Assim, pedaços nobres do gado, como o que hoje distinguimos como coxão mole, por exemplo, eram sempre vendidos em mantas e invariavelmente assados no espeto horizontal e umedecidos de quando em quando. As partes mais fibrosas, com nervos, gorduras e pelancas, eram picadas à ponta de faca e fritas em gordura de porco.

Também estes pedaços, depois de fritos na mesma gordura e acrescidos de algum tempero, como cebola ou pimentas, eram misturados à farinha de mandioca e triturados no pilão de madeira, até reduzirem-se a pó. Esta era a paçoca de carne-seca, que durante muito tempo foi um alimento alternativo nas dificuldades climáticas e que carregava, como alguns outros, os atributos de comida tropical, já não mais sujeita aos problemas de conservação e transporte, incorporada, pela necessidade e pelo gosto, a uma nova tradição alimentar.

Assim como as compotas, que conservavam as frutas no açúcar cozido, a carne-seca era, acima de tudo, um produto absolutamente adaptado ao clima e à necessidade de armazenamento de alimentos, numa terra precária em comércio e em excedente de produtos básicos. Preparada de maneira circunstancial, suas variações dependiam sempre dos ingredientes disponíveis, da criatividade, do acaso.

Verde ou seca, foi essa carne que alimentou grande parte das gentes da colônia. Ao redor das fazendas, ergueram-se pequenas vilas e freguesias e se formaram novas capitanias, que tinham na pecuária do sertão nordestino sua única ocupação econômica. No entanto, a recorrência das secas começou a destruir as precárias fontes de vida da região. O golpe final veio com a "Seca Grande", que durou de 1791 a 1793, arrasando com o que restava dessas criações. Ao mesmo tempo, duas outras zonas de pecuária começaram a se erguer, roubando a maior parte do mercado do sertão.

Uma delas foi a exploração do gado na região do sul de Minas, caracterizada por utilizar uma tecnologia produtiva muito diferente da sertaneja nordestina.

Podemos dizer que, historicamente, o norte da capitania de Minas Gerais é um prolongamento da Bahia, no que diz respeito à topografia, ao baixo índice de pluviosidade e à identificação de sua gente. Durante muito tempo, portanto, o mercado fornecedor de gado para as Minas foi o de Pernambuco e Bahia.

Por diversos motivos, como a imensidão do território e a falta de incentivo à pecuária, o fornecimento sempre foi irregular e insuficiente. Por incentivo do governo metropolitano, que distribuiu sesmarias dedicadas à instalação de currais, formou-se, na zona meridional da capitania, uma nova região dedicada à pecuária.

Compreendida na bacia do Rio Grande, comarca do rio das Mortes, essa região se caracterizava pela abundância de águas. O alto índice de chuvas garantia ainda terras férteis para a lavoura, características suficientemente atraentes para o estabelecimento humano.

Quando a região começou a ser devassada pela exploração do ouro, iniciou-se uma atividade rural paralela, na qual teve destaque a pecuária. Aos poucos, os centros mineradores antigamente abastecidos pelo sertão do norte voltaram-se para esse mercado, mais próximo e, por isso, também mais acessível. Essa mesma região encarregou-se de abastecer Rio de Janeiro e São Paulo, e a diferença de procedência pôde ser notada no próprio sabor da carne.

Com condições naturais mais propícias, a pecuária mineira adotou padrões de estabelecimento em tudo diferentes dos utilizados no sertão. As instalações eram mais complexas; vivendas e currais eram bem-construídos, ao contrário das choças feitas toscamente com carnaúba. A presença da leiteira, estabelecimento próprio para tratamento e aproveitamento do leite, já era um grande distintivo e um forte indicador de mudança no aproveitamento do gado. O leite ali produzido, ao contrário do que ocorria no sertão, foi explorado comercialmente, difundindo, de maneira decisiva, hábitos alimentares muito diversos daqueles a que estavam acostumados os moradores de então.

Fora isso, nas fazendas pecuaristas de Minas, o emprego de divisórias para o gado, internas e externas, conferiu outro caráter a uma atividade até então feita de maneira um tanto displicente. Cercas de pau a pique foram usadas para dividir a fazenda em partes distintas; muros de pedras cercavam a propriedade, separando-a de suas vizinhas. Essas medidas reduziam muito a necessidade de vigilância do gado, protegendo-o também contra pragas e animais selvagens. O gado, por sua vez, tornava-se mais manso e fácil de conduzir, característica que se refletiu, novamente, no sabor e na qualidade da carne:

> Prefere-se a carne de gado manso, que, por seu modo de vida sossegado e cuidado, engorda mais depressa com menos pasto do que

o bravo. O leite de gado manso é, pela excelência do pasto, muito saboroso; porém, uma vaca dá apenas a terça parte da quantidade que produz uma boa vaca leiteira alemã.[26]

A nova realidade revelava pastos mais cuidados (embora ainda deficientes por causa de seus métodos de queimada), nos quais se separavam as vacas dos touros, recolhidos todas as noites ao curral. O sal distribuído regularmente, em pouca quantidade, evitava que o gado ingerisse grandes quantidades de barro nocivas à sua saúde, como acontecia quando se utilizavam os lambedouros sertanejos.

Favorável à agricultura, a região podia fornecer ao gado um suplemento alimentar: o farelo de milho, também consumido pelo vaqueiro e pelos escravos das fazendas:

> Todos os agricultores plantam milho, não só porque sua farinha substitui o pão, mas ainda porque ele é para os animais de carga o que para nós é a aveia, e é empregado também para engordar as galinhas, e sobretudo os porcos. Sua farinha, simplesmente moída e separada em farelo, com o auxílio de uma peneira de bambu, toma o nome de fubá. É fazendo cozer o fubá na água, sem acrescentar sal, que se faz essa espécie de polenta grosseira que se chama angu, e constitui o principal alimento dos escravos.[27]

Saint-Hilaire estava apenas reparando no regime de trabalho imposto nas fazendas da região de Minas. A pecuária mineira, além das outras modificações anteriormente descritas, baseava-se no trabalho escravo, sendo apenas o proprietário e sua família os homens livres. Se as fazendas do sertão eram arrendadas a homens que, ao final de cinco anos, recebiam seu pagamento, as da zona mineira eram fiscalizadas de perto por seus proprietários, que não raro se estabeleciam e trabalhavam nelas com suas famílias.

Ao contrário também da lavoura de exportação do Nordeste e, posteriormente, da mineração (indústria por excelência da capitania de

---

26 J. B. von Spix & C. P. F. von Martius, *Viagem pelo Brasil (1817-1820)*, 3 vols. (Rio de Janeiro: Imprensa Nacional, 1938), p. 254.
27 Auguste de Saint-Hilaire, *Viagem à província de Goiás*, cit., p. 106.

Minas Gerais), a atividade pecuária, relegada sempre a segunda ordem, possibilitou ainda que homens brancos com menor poder aquisitivo, acostumados à lida na agricultura ou na própria criação de animais, fossem também donos de pequenos pedaços de terra.

Além do gado, como era costume, criavam-se porcos em grande quantidade. O tratamento a eles dispensado, baseado no mesmo farelo de milho proveniente da agricultura local, garantia que Rio de Janeiro e São Paulo se abastecessem de excelente carne, como informaram, novamente, Leithold e Rango: "A melhor carne no Rio de Janeiro é a de porco, não tão branca nem tão gorda quanto a nossa, contudo excelente e saborosa".[28]

Considerada superior à carne de gado e mais barata, e não tão nobre quanto a de patos e galinhas, a carne de porco ocupou, ao lado da carne-seca, o lugar de preferência no paladar dos habitantes da colônia. No entanto, foi o toucinho, fazendo as vezes de gordura essencial na cozinha colonial, que passou a ser valorizado nas panelas tropicais.

Outro exemplo de ocupação territorial pela pecuária ocorreu no Sul do país, onde a criação de gado foi a atividade econômica por excelência durante o período colonial.

O gado colocado ali tinha diversas procedências. Nos Campos Gerais, acredita-se, veio com a colonização vicentina; no Rio Grande, provavelmente, com as missões jesuíticas do Uruguai, ou mesmo com os castelhanos do Paraguai. No entanto, por muito tempo, permaneceu vagueando pelos campos e pampas, formando imensos rebanhos selvagens, usados também como alimento nos aldeamentos indígenas.

Com inimigos naturais menos perigosos, pastos queimados uma vez ao ano, sal distribuído de maneira irregular, suprido, em parte, pelo teor salino das pastagens expostas aos ventos marítimos, a pecuária sulista nada tinha de bem cuidada; ao contrário, aproximava-se muito da criação sertaneja nordestina, embora o gado rio-grandense fornecesse um tipo de carne de qualidade superior, muito apreciada pelos estancieiros e pelos viajantes que por ali passavam.

> Ao entrar nesta Capitania verifiquei logo os hábitos carnívoros de seus habitantes. Em todas as estâncias veem-se muitos ossos de bois,

---

[28] T. Leithold & L. Rango, *O Rio de Janeiro visto por dois prussianos em 1819*, cit., p. 19.

espalhados por todos os cantos, e ao entrar nas casas das fazendas sente-se logo cheiro de carne e de gordura.[29]

O preparo da carne sulina seguia os modos indígenas da região: assada em grandes postas, a boa distância do fogo, utilizava sua própria gordura como tempero; macia e suculenta, a carne era a base alimentar do gaúcho.

O clima subtropical e repleto de contrastes deixava entrever uma natureza farta e propícia, que permitia o plantio de verduras estrangeiras, como as cebolas e os tomates, assim como árvores de figos e de laranjas. Da lavoura guarani vinha a pimenta cumari, o amendoim, o cará, a batata-doce, o feijão e o milho, ainda que em pouca quantidade.

A indústria de laticínios, por sua vez, não era tão desenvolvida como a da capitania de Minas, apesar de, por algum tempo, o consumo de queijo ser bastante comum. Nesse período, essa era a única região que fabricava e consumia manteiga, já que o leite era mais gordo e as temperaturas mais baixas favoreciam a sua conservação.

Mais preocupados em comer do que em vender a carne, os pecuaristas dos campos do Sul dedicaram-se, inicialmente, à produção de couros, exportados em grande quantidade; a carne sobrava, já que a pequena população local não dava conta dos imensos rebanhos que viviam em estado semisselvagem, pertencendo ao dono em cujas terras se encontrassem.

No entanto, a sorte da capitania mudou com a exploração de um produto alimentício de suma importância para o abastecimento da colônia: o charque, como era conhecida ali a carne-seca, também chamada de carne de sol ou carne de vento: "Os gêneros alimentícios mais comuns são a carne-seca ou charque, importado do Rio Grande, a farinha de mandioca preparada e o feijão; aves, ovos e sopas constituem os pitéus".[30]

De passagem pelo Rio de Janeiro, o viajante John Luccock não pôde deixar de reparar no alimento cotidiano da gente comum que ali vivia, composto de farinha, feijão e carne-seca, vinda diretamente do Sul, que, nesses anos, já tinha se estabelecido como principal mercado produ-

---

29 Auguste de Saint-Hilaire, *Viagem pelo distrito dos diamantes e litoral do Brasil* (São Paulo/Belo Horizonte: Edusp/Itatiaia, 1974), p. 82.
30 John Luccock, *Notas sobre o Rio de Janeiro e partes meridionais do Brasil (1808-1818)* (São Paulo/ Belo Horizonte: Edusp/Itatiaia, 1975), p. 197.

tor e exportador de charque. O apogeu da charqueada sulista coincidiu com a decadência da pecuária no sertão nordestino. As mantas duras e de coloração arroxeada, penduradas nas portas dos poucos açougues e vendas, ficavam expostas ao sol, ao vento, às moscas. Essa condição precária, no entanto, não impediu a plena incorporação desse gênero alimentício na dieta de mais gente na colônia, transformando-se num dos pilares do nosso tripé alimentar.

Feijão: o alimento de todo dia

Se o caso da farinha e da carne indica uma sobreposição das práticas locais às estrangeiras, com respeito não só ao alimento, mas, principalmente, aos modos de preparo e de conservação, a introdução do feijão com caldo como comida diária demonstra que também as práticas lusitanas se sobrepuseram às nativas.

Os feijões, assim como outras variedades de plantas alimentícias, entre as quais a abóbora, as favas e o inhame, participam, desde há muito, da cultura alimentar indígena. Na América do Sul, mais precisamente no território brasileiro, eram alimentos secundários entre os nativos, cultivados em pequena escala nas roças intermediárias feitas logo após a colheita do milho ou acompanhando algum outro produto de subsistência, como a batata-doce.

Os feijões, assim como as favas, os amendoins e outras leguminosas, eram cozidos apenas em água, que depois era escorrida com o auxílio de peneiras ou somente das mãos.

O protestante holandês Joan Nieuhof, que esteve em Pernambuco em 1640, também notou entre os indígenas que conheceu o hábito de comer aos punhados, jogando com as mãos a comida para dentro da boca: "Apanham a farinha de mandioca com três dedos da mão direita e atiram-na para dentro da boca. O mesmo fazem com feijão e outros alimentos semelhantes".[31] Há nisso uma indicação de que a consistência do quitute deveria estar entre seca e apenas úmida, para que fosse arremessado sem maiores estragos. Era, portanto, a água impregnada nos próprios grãos que molhava de leve a farinha, levando o faminto a

---

[31] Joan Nieuhof, *Memorável viagem marítima e terrestre ao Brasil (1640-1649)* (São Paulo: Martins, 1942), p. 303.

juntar pequenos montes entre os dedos[32] antes de arremessá-los à boca.

Acostumadas aos grãos e cereais cozidos em caldos gordos, as senhoras brancas encontraram no feijão todas as qualidades necessárias para dar continuidade a essa tradição.

Assim, tanto no litoral quanto no interior, o feijão foi a solução encontrada para umedecer a comida, acentuadamente seca. Enriquecido com temperos das hortas (em geral, cebola, coentro e salsa) e gordura (de porco, principalmente), atendia perfeitamente bem às exigências do paladar europeu de comida mais visguenta, que só a mistura do caldo à secura da farinha e da carne-seca podia garantir.

Vimos que a monocultura da cana-de-açúcar determinou uma lavoura de subsistência específica, baseada nos produtos indígenas, como a mandioca, o milho e o feijão, e determinou também um tipo de povoamento e formas de convívio que tenderam a certa estabilidade. Por outro lado, a lavoura voltada aos produtos de subsistência permaneceu itinerante, definindo um processo contínuo de expansão e exploração que é também o do território. Portanto, a escolha dos alimentos em cada região não poderia ser mais pragmática: farinha de mandioca e feijão com caldo, comidos em cuia ou em raros pratos, remetendo à fixidez permitida pela estrutura dos engenhos no litoral; e farinha de milho e feijão sem caldo, comidos em lombo de burro, para a constante mobilidade exigida pelas andanças no interior.

A mistura do feijão à já aceita farinha indica não só um tipo de ajuste necessário às exigências do paladar, mas antes uma adaptação ao modo de vida tropical, sujeito às intempéries climáticas e aos problemas de conservação e transporte. A transformação da carne em carne-seca veio atender também a essas condições, na qualidade de alimento duradouro e leve de carregar.

Se os portugueses e os africanos escravizados se adaptaram bem, não se pode dizer o mesmo dos indígenas. Mais à vontade com os produtos da terra, ajudaram, no entanto, a criar e repassar modos alimentares que se tornaram específicos não mais das sociedades indígenas, mas dos habitantes da colônia. Este é o caso exemplar da transformação da mandioca e do milho em farinha, que, muito embora já fosse

---

[32] Esse pequeno monte de comida, formado pela mistura de algum alimento com farinha, foi apelidado pelos portugueses de "capitão", alcunha que até hoje é utilizada no interior de São Paulo e de Minas Gerais.

utilizada pelos povos indígenas, passou a ser condição de sobrevivência agora em uma nova situação, já exposta ao contato.

Assim, secar o alimento ao sol, pilar, socar ou ralar até transformá-lo em pó foram hábitos que o próprio indígena, acostumado às surpresas climáticas da terra, havia desenvolvido com maestria por um longo tempo. A adoção desses modos pelos colonizadores só viria confirmar a necessidade que eles tinham de encontrar uma maneira original de poder ter sempre à mão um alimento que garantisse a subsistência. Desse modo, inserindo sensíveis mudanças no modo de preparo, como os fornos de cupim e os tachos de cobre, aprenderam a fazer a farinha como os indígenas, secando, ralando e torrando, garantindo assim a maior durabilidade desse gênero em terras tropicais.

Saltam aos olhos, porém, duas características comuns nessa dieta colonial. A primeira diz respeito à circunstancialidade das refeições, dependendo não somente dos ingredientes disponíveis, como também da criatividade e do acaso. A segunda está ligada à característica dos próprios alimentos, opondo os secos – a farinha, a carne, os doces cristalizados – aos molhados – representados pelo caldo ralo do feijão ou das verduras cozidas. Nesse sentido é que se pode pensar na possibilidade da formação de uma civilização de paladar seco compensado pelo clima tropical e úmido.

O modelo de tripé adotado aqui permite entrever, na subsistência e na originalidade dos modos de conservação e aproveitamento dos alimentos, a maior virtude na construção das relações sociais no Brasil colônia. Além disso, ajuda a pensar de que maneira a culinária reflete e produz valores e realidades, num processo de "circularidade" que é, ao mesmo tempo, sincrônico e diacrônico, feito de baixo para cima e de cima para baixo.

Portanto, é possível também entender o termo *melting pot* colonial, cunhado pelo historiador Fernando Novais, como a expressão culinária que tem por base uma grande panela na qual tudo se funde, se derrete, se dissolve e, por vezes, desaparece.

Desconstrução do tripé: um enfoque teórico

O PREPARO DOS ALIMENTOS SEMPRE OCUPOU lugar de destaque na antropologia, seja nos registros etnográficos, seja nas análises etnológicas. Podemos compreender como cada sociedade se entende e se expressa por meio do preparo de seus alimentos se entendermos que cada processo envolvido na escolha e preparo representa algo daquele que cozinha e termina por revelar visões de mundo de determinadas culturas.

Para os antropólogos funcionalistas, as reconstituições de visões de mundo que se baseiam no alimento enfatizavam a noção de que aquilo que era ou é ingerido pelo homem, e que, portanto, ocupava seu estômago, ocupava também sua mente.

Segundo Bronislaw Malinowski, para os selvagens, a classificação das espécies animais e vegetais é feita de acordo com sua utilidade e comestibilidade, explicando assim a transformação de alguns alimentos em totens, como se o caminho da barriga à mente fosse previsível.

Claude Lévi-Strauss é quem amplia o significado do preparo dos alimentos ao abordá-los, sobretudo, sob seu aspecto simbólico. Com a criação de sistemas classificatórios abstratos, as espécies animais e vegetais seriam consideradas não apenas "boas para comer", mas, fundamentalmente, "boas para pensar". A reconstituição da lógica em que se baseiam os processos culinários ganhava muito com a nova abordagem estruturalista.

Lévi-Strauss demonstra o caráter elementar da vida culinária e, principalmente, sua ligação com o princípio de reciprocidade ao afirmar que a própria expressão "dar uma recepção" indica que "receber é dar". Afinal, oferecer um jantar a uma pessoa é homenageá-la; as louças usadas serão as mais finas, as toalhas serão aquelas guardadas nos armários para ocasiões especiais, e os pratos servidos serão provavelmente iguarias que não fazem parte do nosso dia a dia. O ato de "retribuir" adquire, nesses termos, mais que um significado de gentileza; passa a ser um elemento necessário ao funcionamento do sistema de reciprocidade.

Em "Ensaio sobre a dádiva", Marcel Mauss[1] verifica que na troca ocorrida nos fenômenos sociais há um caráter voluntário, livre e gratuito, ao mesmo tempo que há outro, imposto e interessado. Nesse sentido, identifica no presente recebido um espírito, *hau*, que está relacionado ao doador do presente, instituindo a obrigatoriedade da retribuição para que o *hau* volte a seu local de nascimento, ao seu clã, ao seu proprietário. Nessa relação triangular entre dar, receber e retribuir está o princípio da reciprocidade, que Mauss considera vital ao convívio em sociedade.

Assim seriam os processos culinários, as relações que se dão na cozinha e as regras prescritas que se alastram casa adentro; a mistura de um ou outro elemento, visando a formação de determinada comida, estabelecendo normas e padrões de conduta, acaba por veicular metáforas e visões de mundo.

Para Lévi-Strauss, a cozinha seria, portanto, articuladora das categorias natureza e cultura. Mais ainda, seria, como a linguagem, um princípio elementar que articula sistemas de oposições. Partindo da hipótese de que as atividades ligadas à cozinha ou ao ato de cozinhar estão situadas em um campo semântico específico, Lévi-Strauss determina três categorias correspondentes, respectivamente, às extremidades de um triângulo, constituído por:

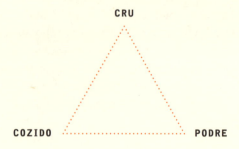

1 Em Marcel Mauss, *Sociologia e antropologia* (São Paulo: Cosac e Naify, 2003).

Assim, "o cru constitui o polo não marcado, e [...] os outros dois o são fortemente, mas em direções opostas: o cozido é uma transformação cultural do cru, enquanto o podre é a sua transformação natural".[2] Subjacente a esse triângulo primordial, é possível verificar uma dupla oposição: entre as noções de elaborado/não elaborado e, finalmente, entre natureza e cultura.

No entanto, somente a observação pode traduzir o que cada sociedade entende por "cru", "cozido" e "podre", uma vez que

> [...] para nenhuma cozinha uma coisa é simplesmente cozida; tem que ser cozida desta ou daquela maneira. Tampouco existe o cru em estado puro, apenas alguns alimentos podem ser consumidos assim, e com a condição de terem sido escolhidos, lavados, descascados ou cortados, senão mesmo temperados. A podridão também não é admitida senão em certos moldes, espontâneos ou dirigidos.[3]

É, portanto, por meio da etnografia que se podem preencher essas formas com categorias plenas de significados empíricos, fazendo surgir dentro do triângulo primordial um novo modelo, particular e concreto.

Como esta é uma discussão espinhosa, é preciso deixar claras algumas proposições. Para Lévi-Strauss, um modelo triangular nunca é vazio de significado; ao contrário, ele é a matriz de toda a significação, cabendo a ele produzir o próprio significado. A estrutura seria, assim, uma espécie de conteúdo que se apresenta como forma. "Cru", "cozido" e "podre" não são, então, formas vazias que podem ser preenchidas por conteúdos culturais, mas, antes, relações lógicas entre conteúdos diversos. Trata-se, sobretudo, de entender aqui que se fala de posições e não de noções, de relações em vez de termos, de estados em vez de essências.

Nossa intenção é compreender como as relações operam na realidade estudada. Assim, trata-se menos de uma simples dedução – buscar a universalidade do triângulo na realidade empírica – que de um método indutivo – buscar na riqueza dos dados uma lógica subjacente. Assim, interessou encontrar, durante o período colonial brasileiro, alimentos e práticas alimentares que evidenciassem relações entre si, verificadas

---

2 Claude Lévi-Strauss, "Le triangle culinaire", em *L'Arc*, no 26, Paris, 1968, p. 170.
3 *Ibidem*.

no estudo de certos modos de ocupação do território nesse período. Usando o modelo de Lévi-Strauss como inspiração, a ideia foi também mostrar como esses alimentos e essas práticas conformaram um feixe de relações que criou e preencheu um modelo triangular interno e particular, chamado aqui de tripé alimentar. Esse tripé foi construído do encontro e do desencontro entre culturas diferentes e, portanto, ligado a um sistema culinário também específico, definido na negociação entre a adaptação do gosto e a necessidade de sobrevivência.

A etnografia da cozinha é também uma etnografia de como as sociedades produzem, constroem e classificam os sentidos humanos. Gosto, paladar e aroma deixam de ser apenas reações orgânicas a estímulos para adquirirem uma intenção cultural, revelando um conjunto de conhecimentos que marcam formas sociais de captar e ordenar o mundo.

Em seu livro *O cru e o cozido*, Lévi-Strauss analisa alguns mitos americanos, explicitando seu método e considerando a etnografia como parte da análise estrutural. Para que a análise se efetive, no entanto, são necessárias outras versões do mesmo mito, evidenciando sua transformação e permutação.

"Trata-se como sempre de, a partir da experiência etnográfica, fazer um inventário dos imperativos mentais, reduzir dados aparentemente arbitrários a uma ordem, atingir um nível onde uma necessidade, imanente às ilusões de liberdade, se revela"[4] em uma estrutura, que, por sua vez, reduz um conjunto complexo de usos e costumes a princípios simples em um sistema significativo. Portanto, é possível extrair menos o que há nos mitos, mas antes os "postulados que definem o melhor código possível, capaz de dar uma significação comum a elaborações inconscientes"[5] e manifestá-las na forma de modelos.

Busquei aqui identificar, no plano da etnografia, quais alimentos, práticas e modos de comer descritos pelos estrangeiros durante o período colonial reincidem e reverberam, formando relações entre si e conformando um sistema. Mas, enquanto os mitos são narrativas, a culinária é uma prática, o que implica certo cuidado ao colocá-los numa mesma perspectiva de análise.

Permitindo-me certa licença e assumindo o risco desde já, identifico, pois, algumas similitudes formais.

---

[4] Claude Lévi-Strauss, *O cru e o cozido* (São Paulo: Cosac e Naify, 2004), p. 29.
[5] *Ibidem*.

Assim como os mitos, a cozinha também se mostra um excelente elo entre o plano sensível e o inteligível, mediadora de elementos como "céu e terra", "vida e morte", "natureza e sociedade", "selvageria e civilização","cru e cozido". De maneira semelhante, a comida e suas receitas, que compõem o triângulo interno e particular, operam, como os mitos, por dois moldes:[6] um cultural e outro natural. Estes estão representados por um duplo contínuo: um que é externo e que define uma quantidade de eventos de uma série teoricamente ilimitada de acontecimentos históricos, como os que vimos neste trabalho, e outro, interno, que está presente no tempo psicofisiológico de quem se alimenta, identificado como os ritmos orgânicos, capacidade de memória do olfato, do paladar e do tato e capacidade de aceitação do diferente.

Mas existem também muitas diferenças. Os mitos operam na sincronia, e os depoimentos, aqui datados e contextualizados, ao contrário, pertencem à diacronia. A comida tem uma função básica, ligada diretamente à cultura material, que diz respeito, em primeiro lugar, à subsistência. Assim, há uma lógica da comida que opera no plano concreto e que dialoga com o contexto, evidenciando uma relação própria entre a culinária e a cultura.

A ideia de um tripé, equipamento constituído por três escoras sob o qual se acende o fogo e no qual se cozinha, baseia-se também na especificidade que a comida impõe numa análise como esta. Antes de ser apenas uma variação do triângulo proposto por Lévi-Strauss – primeiro em "Le triangle culinaire", depois em *O cru e o cozido* –, o termo "tripé" carrega em si uma ligação explícita com o plano empírico, definido também pela cultura material, pela necessidade de sobrevivência e pelo contexto histórico.

Desse modo, a recorrência de três tipos de alimento e suas formas específicas de preparo evidenciam um relacionamento entre si, permitindo, também, isolar noções que relacionam conteúdos, veiculam códigos distintos e, finalmente, transmitem uma mensagem.

Assim, esse tripé alimentar consiste em:

---
[6] Para Lévi-Strauss, os mitos operam como a música, nesses mesmos moldes.

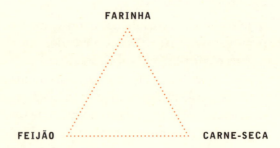

opondo, diretamente, as categorias molhado × seco.

Nesse "jogo" estrutural, é possível identificar outros pares de oposições, que dizem respeito ao caráter pragmático dessa estrutura. Dessa forma, num contexto amplo, de recorte temporal pouco ortodoxo, construído com base em relatos que são também viciados, é possível entrever, numa sociedade constituída por atores e costumes tão distintos, códigos que explicitam uma lógica que emerge da relação entre os alimentos e as práticas culinárias.

Assim, ao longo deste trabalho, tornam-se visíveis as situações de:

MOBILIDADE × FIXIDEZ
FLEXIBILIDADE × RIGIDEZ
INTERIOR × LITORAL
SUBSISTÊNCIA × EXPORTAÇÃO
INDÍGENAS ESCRAVIZADOS × AFRICANOS ESCRAVIZADOS

A esses pares de oposições estão também ligados a outros, definidos, mais propriamente, por suas características alimentares:

MILHO × MANDIOCA
RAPADURA × DOCES DE AÇÚCAR
FEIJÃO QUASE SEM CALDO × FEIJÃO COM BASTANTE CALDO
COMIDA MENOS ÚMIDA × COMIDA MAIS ÚMIDA
MENOS TEMPEROS × MAIS TEMPEROS

Além da diversidade, no entanto, o estatuto do simbólico imprime marcas comuns, expressas na formulação de um modelo analítico, traduzido em categorias. Assim, a farinha, alimento reduzido a pó, pode ser vista como elemento unificador do território no período colonial, ocupando posição semelhante à do "cru" no triângulo externo de Lévi-

-Strauss e admitindo que seu modo de preparo, a transformação de qualquer alimento em farinha, prescinde da mediação do fogo.[7] Ainda nessa chave, a farinha está identificada como parte da "exocozinha, a que se oferece aos convidados",[8] e pode ser armazenada, carregada e transportada, pronta para comer.

Na outra extremidade do tripé está a carne-seca, correspondendo, ainda que não diretamente, à posição do "podre". Modo original de conservação, a transformação da carne verde em seca ao sol aproxima-se do processo de podridão, ao mesmo tempo dirigida – por sua exposição ao sol, à chuva, aos mosquitos e a toda sorte de fatores – e espontânea – a mesma exposição que determina sua garantia termina por sujeitá-la ao apodrecimento natural. Sua garantia de validade impôs também seu sucesso nos constantes processos de exploração do território, assim como sua característica essencialmente seca a aproxima da farinha e da "exocozinha", aquela que circula e torna democrático o alimento.

A oposição mais marcante está representada pelo feijão, o elemento cozinhado. Síntese da mistura de um alimento autóctone aliado a uma prática culinária estrangeira, o feijão é também um elemento elaborado culturalmente e, num paralelo com a análise de Lévi-Strauss, "duplamente mediatizado: pela água na qual é imerso e pelo recipiente que contém ambos".[9] Está ligado à "endocozinha", feita para uso íntimo e destinada a um pequeno grupo, ao mesmo tempo que está também mais próximo do lado da cultura, não só porque requer um recipiente para sua cocção, mas também "na medida em que a cultura é uma mediação das relações do homem com o mundo, e que o cozinhado por ebulição exige uma mediação (pela água) da relação entre o alimento e o fogo".[10] Nesse sentido, o feijão é o alimento que complementa os outros dois, ainda que refaça seus significados, já que seu caráter "molhado" possibilita a mistura e a criação de uma comida mais úmida – como o caso do feijão virado com farinha, em que há mais feijão e menos caldo na mistura – ou quase líquida – como o feijão com caldo

---

7 Mas não de elementos culturais, como raladores, moedores, pilões, já que se parte do princípio de que não existe o puramente cru.
8 Claude Lévi-Strauss, "Le triangle culinaire", cit., p. 171
9 *Ibid.*, p. 170.
10 *Ibidem*.

apenas acrescido de farinha, que transforma a comida em papa. Desses dois casos, entretanto, resulta um termo intermediário, que é a própria possibilidade de transformação do alimento seco em úmido, que reflete também a necessidade de acomodação do próprio paladar.

    O que se tentou fazer aqui foi a aproximação a um modelo estrutural que ultrapassa limites geográficos e espaciais. Se a ideia de tripé traz em si a tentativa de explicitar a criação de um idioma local, baseado nas oposições culinárias de seco *versus* molhado, a cozinha se mostra, então, como uma boa forma de linguagem, que serve também para expressar algo sobre quem come. Portanto, há por trás desse sistema um modo particular de comer, de fazer comida e também de pensar sobre ela, que fala ainda sobre os modos originais de conservação nos trópicos, sobre os problemas da subsistência e os ajustes necessários a ela, sobre negociação e produção de valores, que ajudam a revelar especificidades dessa sociedade.

A choça indígena com suas redes, o fogo no chão assando um pequeno réptil, a caça chegando para servir de jantar: um retrato da rusticidade da alimentação dos índios do Brasil.
JOHANN MORITZ RUGENDAS, ACERVO MUSEU DA CASA BRASILEIRA, SÃO PAULO

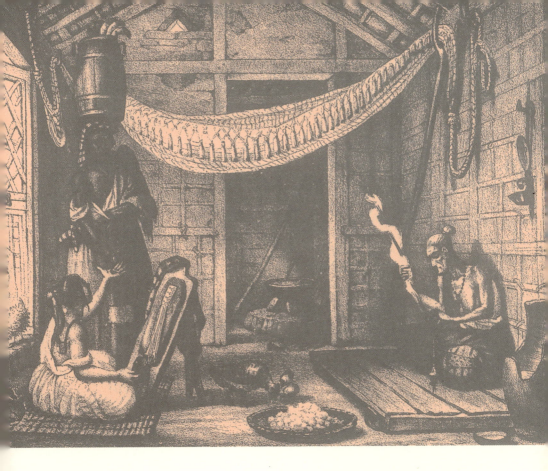

Sem cadeiras nem mesas, a rede pendurada, a peneira de palha ao centro, uma bilha d'água. Poucos utensílios, pouca civilização vista por lentes europeias.

JEAN-BAPTISTE DEBRET, "INTERIOR DE UMA RESIDÊNCIA POBRE", ACERVO MUSEU DA CASA BRASILEIRA, SÃO PAULO

No interior da casa de farinha veem-se algumas raízes de mandioca ainda com suas folhas. Examinados atentamente pelos olhos do feitor, os homens descascam as raízes, enquanto as mulheres cuidam de socar a massa. Ao fundo, o tacho onde se assa a farinha, sempre fumegante.

JOHANN MORITZ RUGENDAS, "FABRICAÇÃO DE FARINHA DE MANDIOCA", ACERVO MUSEU DA CASA BRASILEIRA, SÃO PAULO

Mesmo nas casas mais abastadas da colônia é possível identificar os elementos indígenas: esteiras para os escravos da casa se sentarem, cesto de palha para os utensílios de costura. A cadeira e a marquesa servem apenas à senhora e sua filha, enquanto esperam o copo d'água trazido pelo escravo.

JEAN-BAPTISTE DEBRET, "SENHORA E MUCAMAS TRABALAHANDO", ACERVO MUSEU DA CASA BRASILEIRA, SÃO PAULO

A casa pequena, cercada de bananeiras e mamoeiros. Pequenos animais ciscando, africanos descansando, crianças no chão, o trançado de uma esteira. Enquanto isso, a sinhá assiste à cena, da varanda: uma visão particular do contexto colonial.
JOHANN MORITZ RUGENDAS, "HABITAÇÃO DE NEGROS E TRANÇADO", ACERVO MUSEU DA CASA BRASILEIRA, SÃO PAULO

Ao lado: cestos, bocetas, vasos, leque, tipiti de palha. Gamelas, caixetas de doce e medidores de madeira. Bilhas, vasos, púcaros e jarras de cerâmica. Os utensílios cotidianos para dentro e fora da casa.
JEAN-BAPTISTE DEBRET, "CESTOS" (ACIMA) E "UTENSÍLIOS DE MADEIRA E BARRO" (ABAIXO), ACERVO MUSEU DA CASA BRASILEIRA, SÃO PAULO

Cenas de trabalho dos africanos escravizados: ora socando o café, com pilão de madeira, cercados por cestos, peneiras indígenas e bananas (ao lado); ora na raspagem da mandioca, com a introdução do uso da roda (acima), depois adotada nas casas de farinha. Novas tecnologias para antigos ingredientes.
CHARLES RIBEYROLLES, "SOCANDO CAFÉ NO PILÃO" (À ESQUERDA) E "RASPAGEM DE MANDIOCA" (ACIMA). ACERVO MUSEU DA CASA BRASILEIRA, SÃO PAULO

Varanda da casa de farinha, onde se colocava o tacho sobre o fogo para assar a massa, deixando-a mais seca e mais durável. A nova moenda de cana, quase igual à antiga, mostrando a necessidade da utilização de trabalho escravo para todas as etapas do processo: era preciso documentar para melhor compreender.

HERBERT SMITH, "PREPARO DE FARINHA DE MANDIOCA" (ACIMA) E "ANTIGA E NOVA MOENDA DE CANA" (AO LADO), ACERVO MUSEU DA CASA BRASILEIRA, SÃO PAULO

[124]

Três vendas, em lugares distintos da colônia, mostram a diversidade de produtos encontrados nas terras brasílicas: no Pará, o preparo e o consumo do açaí; em Recife, homens conversam à porta, observando alguém caído ao chão pela cachaça. Na mesma cena, negras carregam frutas e animais abatidos, mostrando o início de uma outra forma de comércio; no Rio de Janeiro, mantas de carne-seca enroladas, linguiças de porco, esteiras de palha e peles de animal.

HERBERT SMITH, "VENDA DE AÇAÍ" (ACIMA, À ESQUERDA) E JOHANN MORITZ RUGENDAS, "VENDA EM RECIFE" (ABAIXO, À ESQUERDA), ACERVO MUSEU DA CASA BRASILEIRA, SÃO PAULO.

JEAN-BAPTISTE DEBRET, "ARMAZÉM DE CARNE-SECA" (ACIMA), ACERVO MUSEU CASTRO MAYA, RIO DE JANEIRO.

[125]

A descoberta da pecuária como alternativa econômica colocou o Rio Grande do Sul na rota de comércio da colônia. Grandes fazendas gaúchas produziam o charque, também conhecido como carne-seca ou carne de vento, vendendo-o às demais regiões do Brasil.

JEAN-BAPTISTE DEBRET, "ENGENHO DE CARNE-SECA", ACERVO MUSEU CASTRO MAYA, RIO DE JANEIRO.

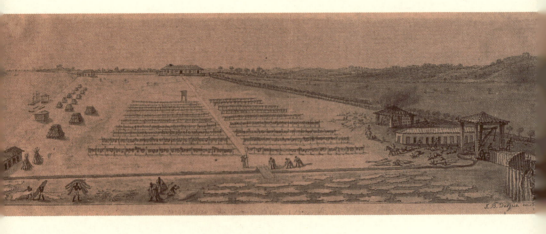

No século XIX, o realismo romântico abordava temas regionais e repetia, na cozinha caipira, elementos do passado colonial: o pilão, o jirau, a peneira e o forno de barro.

JOSÉ FERRAZ DE ALMEIDA JR., "COZINHA CAIPIRA",
ACERVO PINACOTECA DO ESTADO DE SÃO PAULO.

Glossário

açorda: prato português típico do Alentejo que consiste numa espécie de papa de miolo de pão ensopado em água ou caldo fervente e temperada com azeite, alho e coentro, geralmente servida como acompanhamento de peixes e frutos do mar.

alfenim: doce de origem árabe, trazido ao Brasil pelos portugueses, feito com puro açúcar e água; a massa branquíssima é recortada na forma desejada, resultando em doces decorativos e muito originais; é hoje típico da região de Goiás.

alguidar: recipiente de uso doméstico feito de barro ou metal, baixo, semelhante a um cone invertido.

baba de moça: doce de consistência pastosa feito com açúcar, gema de ovo e leite de coco, comido às colheradas; é muito utilizado também como recheio de bolos e tortas.

bilha: recipiente bojudo e de gargalo estreito, feito geralmente de barro ou de latão, próprio para conter líquidos; conhecido também como moringa.

carne de sol: método de preparação da carne que consiste em salgar e deixar no sol para secar.

carne-seca: método de preparação da carne que consiste em salgar com bastante sal e deixar secar por um longo período.

cauim ou chicha: bebida indígena feita exclusivamente pelas mulheres, obtida pela mastigação, fermentação e pelo azedamento de mandioca ou milho.

charque: método de preparação da carne que consiste em passar sal fino sobre a peça e deixar descansar por um longo período.

confit: método de conservação de carnes que consiste em cozinhá-las e armazená-las na própria gordura; atualmente são comuns também os confits de frutas e vegetais, conservados em açúcar e azeite, respectivamente.

cuité: árvore frondosa cujos frutos, chamados cuias, depois de secos e sem a polpa, são usados como utensílios para diversas finalidades.

filhó: biscoito ou bolinho à base de ovos, bastante popular em Portugal, que se come frito e passado em calda ou açúcar e depois polvilhado com canela.

jacuba: mingau feito com farinha de mandioca, água ou leite, açúcar ou mel, ao qual às vezes se acrescenta cachaça; diluído com água e suco de limão, é bebido como refresco.

jirau: armação de madeira usada originalmente pelos indígenas para guardar utensílios domésticos, secar carnes ao fumo ou cortar e limpar caça e pescados.

maniva: muda de mandioca.

massapê: terra argilosa, de cor escura e muito fértil, própria para o cultivo da cana-de-açúcar.

melaço: líquido viscoso, resíduo da produção do açúcar, que se utiliza para alimentar o gado ou como matéria-prima para outros produtos, como aguardente.

melado: calda espessa e escura proveniente do cozimento da cana-de-açúcar e que, enformada e fria, dá origem à rapadura.

moquém: grade de varas utilizada pelos indígenas para secar ou assar carnes e peixes.

paçoca: prato feito com peixe ou carne previamente cozidos, desfiados e socados com farinha de mandioca ou de milho.

pitéu: iguaria saborosa.

tipiti: cesto cilíndrico de palha no qual se espreme a massa de mandioca.

toucinho do céu: doce fino português à base de gema de ovos, amêndoas e açúcar.

trempe: tripé, originalmente feito com pedras, sobre o qual se levam panelas ao fogo.

tucupi: espécie de molho picante feito com o suco leitoso da mandioca ralada, depois de extraído o veneno da planta; é utilizado em vários pratos da cozinha brasileira.

Referências bibliográficas

Pequeno inventário da alimentação no Brasil

A HISTÓRIA DA ALIMENTAÇÃO NO BRASIL sempre deu margem a uma multiplicidade de abordagens, que compreendem desde falar sobre o alimento em si (como é produzido, preparado, consumido, seu valor simbólico e cultural), sobre sua falta (a desnutrição, a questão da fome), ou até sobre os espaços, as práticas e os agentes destinados a seu preparo (as cozinhas, os equipamentos e quem cozinha).

Talvez o único quadro geral que se tenha feito até hoje sobre o assunto seja o famoso *História da alimentação no Brasil*, de Câmara Cascudo, cuja primeira edição data de 1967. Fazendo um estudo sistemático do que considera ser o passado nacional e utilizando algumas crônicas e relatos de viajantes, o folclorista Câmara Cascudo procurou traçar a história do Brasil do ponto de vista alimentar.

Cascudo estudava as bases da formação da cozinha brasileira armazenando dados sobre a cozinha indígena, o cardápio africano e a ementa portuguesa. Assim, pretendia descobrir na alimentação dos indígenas as constantes alimentares, sólidas e líquidas, as técnicas, os recursos, os condimentos. Quanto à alimentação dos africanos, o autor tentou fazer um levantamento do possível panorama alimentar na África em fins do século XV, elencando o que teria sido trazido e o que teria sido incorporado pelos escravos na nova terra, levantando também as superstições e mitos que envolvem a cozinha africana. Dos portugueses, pretendia o autor estudar fontes antigas, tanto eruditas como populares, procurando fixar, desse modo, os padrões alimentares através dos tempos.

Cascudo afirmava que seu trabalho tinha a finalidade de ser notícia, comunicação e entendimento; queria compreender a cultura popular como realidade psicológica, subjetiva, que dificilmente se submete a regras ou teorias. Com efeito, se o enfoque folclórico de alguma maneira essencializa e torna a cultura mais estanque, por outro lado, o levantamento realizado por ele é a base para a maior parte de pesquisas sobre o tema.

Nessa mesma época, outros estudos sobre a alimentação brasileira são publicados. Conduzidos a partir de abordagens sociológicas, trazem à tona menos os aspectos da estrutura das cozinhas e dos processos culinários e mais os problemas decorrentes da alimentação do brasileiro, como a fome e a subnutrição. São estudos que ligam a alimentação ao progresso do país – e por isso a coincidência de suas datas com os diversos períodos progressistas brasileiros. Suas principais preocupações são com os aspectos higiênicos e médico-sociais, e demonstram também a tentativa de implementação de novos hábitos e costumes alimentares nas camadas mais pobres da sociedade. Estudos notáveis desse tipo são os de Silva Mello, Dante Costa e Josué Castro, entre outros.

Há também outros autores que nos fornecem breves "etnografias de cozinhas" ou mesmo elementos específicos de determinadas culinárias regionais. É o caso de Eduardo Frieiro, Carlos Rodrigues Brandão e Monica Abdala, que procuram nas cozinhas regionais elementos formadores de tipos particulares, como o caipira, o sertanejo, o mineiro, o goiano e o paulista. Aproximam-se dos trabalhos sobre alimentação, principalmente no tocante à relação entre o modo de se alimentar e a situação social do país, mas distanciam-se deles, na mesma medida, pois não prescrevem normas ou regras. Ao contrário, a preocupação desses estudos é descrever determinados hábitos alimentares e processos culinários, articulando-os a projetos políticos locais e globais.

Na sociologia, muita coisa também foi feita. O destaque se volta para o estudo de Antonio Candido, *Os parceiros do Rio Bonito*, que, embora com intenções bem diferentes (já que estava procurando as características de uma alimentação vital à sociedade caipira de Bofete, no interior de São Paulo), verificou, partindo da comprovação empírica permitida pelo estudo etnográfico, um "mínimo alimentar" específico, definido pela presença de três espécies nativas: o feijão, o milho e a mandioca. Esse "mínimo vital", suficiente apenas para a sobrevivência do trabalhador rural paulista de então, ilustra a possibilidade da existência de um esquema alimentar particular que integra também as características de um sistema culinário anteriormente determinado e que, nesse caso específico, remete às características de uma sociedade agrária, voltada à produção de subsistência, marcada pelo consumo de alimentos autóctones e de fácil cultivo.

Outros estudos também não poderiam deixar de merecer um breve comentário; falo de *Cozinhas etc.* e *Casa paulista*, ambos de Carlos Lemos, "Famílias e vida doméstica", de Leila Mezan Algranti, e "Formas provisórias de existência: a vida cotidiana nos caminhos, nas fronteiras e nas fortificações", de Laura de Mello e Souza, entre tantos outros. Sem se destinarem propriamente à questão da culinária e da cozinha no Brasil, são, antes de tudo, excelentes estudos históricos e perpassam o tema.

Restam ainda algumas palavras sobre Gilberto Freire, o primeiro a lançar a ideia de que um país como o Brasil, que possuía uma cozinha pluriforme (por seu território imenso, suas diversas regiões, climas e povos diferentes), precisava de um estudo sociológico de peso, que desse conta das variações da culinária e dos hábitos alimentares. Foi no jornal *Diário de Pernambuco* que Freire iniciou seus ensaios sobre a culinária brasileira, que, mais tarde, acabaram sendo incorporados às suas obras. É o caso de *Casa-grande e senzala*, no qual Freire credita, como componente da formação da sociedade patriarcal brasileira, a adaptação do português aos alimentos e hábitos alimentares brasileiros. Em *Nordeste*, elege o açúcar como elemento fundamental para a compreensão do homem e da sociedade nordestina e atribui à monocultura da cana a "formação do tipo mais puro de brasileiro: o senhor de engenho".

Entretanto, é em *Açúcar* que o autor presta sua maior contribuição nesse setor. Preocupado em entender a formação de um paladar brasileiro, que contenha características da identidade nacional, Gilberto Freire resgata receitas de bolos e doces nordestinos (e inclui algumas receitas africanas), assim como registros de fôrmas e de toalhas de papel que por tanto tempo enfeitaram o tabuleiro das vendedoras de doces. Para o autor, os doces revelam a miscigenação brasileira, na medida em que os tradicionais bolos e doces portugueses adquiriram novos sabores ao receberem o acréscimo das frutas, apreciadas pelos indígenas, e das iguarias preparadas pelos africanos.

O historiador Sérgio Buarque de Holanda aventura-se, ainda que não como interesse primeiro, a ressaltar alguns aspectos culinários que fazem parte da formação da história do Brasil. Baseado em uma historiografia mais cuidadosa, que procura dar voz às fontes utilizadas, realiza, em *Caminhos e fronteiras*, uma análise sobre as razões do predomínio do milho no planalto paulista, em detrimento da mandioca (que imperava no litoral). Nesse sentido, como nos volumes organizados por ele da coleção História Geral da Civilização Brasileira, a comida é mais uma das evidências presentes nos documentos que possibilitam a compreensão de determinadas escolhas na construção de uma história brasileira.

Outros estudos mereceriam comentários aqui, mas, por razões de espaço, correrei o risco de parecer insuficiente nas minhas referências. Deixo à bibliografia a seguir, no entanto, a tarefa de registrar todos os valiosos trabalhos que consultei para chegar a estas páginas.

Bibliografia geral

ABDALA, Monica Chaves. *Cozinha e a construção da imagem do mineiro*. Dissertação de mestrado. São Paulo: Departamento de Sociologia da FFLCH-USP, 1994.

ABREU, Capistrano de. *Caminhos e antigos povoamentos do Brasil*. Rio de Janeiro: Editora do Autor, 1930.

ALENCASTRO, Luiz Felipe. *O trato dos viventes*. São Paulo: Companhia das Letras, 2000.

ALGRANTI, Leila Mezan. "Famílias e vida doméstica". Em *História da vida privada no Brasil. Cotidiano e vida privada na América portuguesa*. vol. 1. São Paulo: Companhia das Letras, 1997.

BALDUS, Herbert. "Alimentação dos índios do Brasil". Em *Sociologia*, 12 (1), São Paulo, 1950.

BARLÉU, Gaspar. *História dos feitos recentemente praticados durante oito anos no Brasil (1647)*. São Paulo: Edusp, 1974.

_____. *Tapirapé: tribo tupi no Brasil Central*. São Paulo: Companhia Editora Nacional/ Edusp, 1970.

BASTIDE, Roger. *Brasil: terra de contrastes*. São Paulo: Difusão Europeia do Livro, 1973.

BELUZZO, Ana Maria de Moraes (org.). *O Brasil dos viajantes*. São Paulo: Fundação Odebrecht, 1994.

BOXER, Charles R. *A idade de ouro no Brasil*. Rio de Janeiro: Nova Fronteira, 2000.

BRANDÃO, Carlos Rodrigues. *Plantar, colher, comer*. Rio de Janeiro: Graal, 1981.

BRAUDEL, Fernand. *Civilização material e capitalismo*. Lisboa: Cosmos, 1970.

BRUNO, Ernani Silva. *O equipamento da casa bandeirista segundo os antigos inventários e testamentos*. São Paulo: Prefeitura do Município de São Paulo/ Secretaria Municipal de Cultura/Departamento do Patrimônio Histórico, 1977.

BUARQUE DE HOLANDA, Sérgio. *Caminhos e fronteiras*. Rio de Janeiro: José Olympio, 1975.

_____. *Raízes do Brasil*. Rio de Janeiro: José Olympio, 1988.

_____. *Visão do Paraíso*. São Paulo: Brasiliense/Publifolha, 2000.

_____ (org.). *História geral da civilização brasileira*. Tomo I, vol. 2. São Paulo: Difusão Europeia do Livro, 1960.

_____(org.). *História geral da civilização brasileira*. Tomo II, vol. 1. São Paulo: Difusão Europeia do Livro, 1962.

_____ (org.). *História geral da civilização brasileira*. Tomo I, vol. 1. São Paulo: Difusão Europeia do Livro, 1968.

CALDEIRA, Jorge. *A nação mercantilista*. São Paulo: Editora 34, 1999.

CÂMARA CASCUDO, Luís da. *História da alimentação no Brasil*. Belo Horizonte: Itatiaia, 1983.

CANDIDO, Antonio. *Os parceiros do rio Bonito*. São Paulo: Duas Cidades, 1975.

CASTRO, Eduardo Viveiros de. "A fabricação do corpo na sociedade xinguana". Em *Boletim do Museu Nacional*, nº 32, Rio de Janeiro, maio de 1979.

_____. *Araweté: os deuses canibais*. Rio de Janeiro: Zahar/Anpocs, 1986.

_____ & CUNHA, Manuela Carneiro da. "Vingança e temporalidade: os Tupinambás". Em *Anuário Antropológico nº 85*, Brasília, julho de 1985.

CASTRO, Josué. *A alimentação brasileira à luz da geografia humana*. Rio de Janeiro: Livraria do Globo,1937.

_____. *Geopolítica da fome*. Rio de Janeiro: Casa do Estudante, 1951.

COSTA, Dante. *Alimentação e progresso: o problema no Brasil*. Rio de Janeiro: Saps, 1960.

_____. *Bases da alimentação racional: orientação para o brasileiro*. São Paulo: Companhia Editora Nacional, 1949.

_____. *O sensualismo alimentar em Portugal e no Brasil*. vol. 1. Rio de Janeiro: Ministério da Educação e Saúde, 1952.

DARNTON, Robert. *O beijo de Lamourette*. São Paulo: Companhia das Letras, 1990.

_____. *O grande massacre dos gatos e outros episódios da história cultural francesa*. Rio de Janeiro: Graal, 1986.

DOUGLAS, Mary. *Constructive Drinking: Perspectives on Drink from Anthropology*. Cambridge/ Paris: Cambridge University Press/Éditions de la Maison des Sciences de l'Homme, 1991.

DUARTE, Eustachio. "Sugestões do livro 'Assucar'". Em *Diário de Pernambuco*, Recife, 7-5-1939.

ELIAS, Norbert. *La sociedad cortesana*. Cidade do México: Fondo de Cultura Económica, 1996.

_____. *O processo civilizador*. Rio de Janeiro: Zahar, 1994.

FERNANDES, Florestan. *A função social da guerra na sociedade Tupinambá*. 2ª ed. São Paulo: Pioneira/Edusp, 1970.

FIGUEIREDO, Luciano. *O avesso da memória: cotidiano e trabalho da mulher em Minas Gerais no século XVIII*. Rio de Janeiro/Brasília: José Olympio/Edunb, 1993.

FREIRE, Gilberto. "A propósito da campanha do sr. Hardman". Em *Diário de Pernambuco*, Recife, 12-4-1925.

_____. "A propósito de doces regionais brasileiros". Em *Jornal do Commercio*, Recife, 8-10-1978.

_____. "Cozinha pernambucana". Em *Diário de Pernambuco*, Recife, 4-4-1937.

_____. "Razões do paladar". Em *Jornal do Commercio*, Recife, 9-3-1969.

_____. *Sobrados e mucambos: decadência do patriarcado rural e desenvolvimento urbano*. São Paulo: Companhia Editora Nacional, 1936.

FRIEIRO, Eduardo. *Feijão, angu e couve*. Belo Horizonte/São Paulo: Itatiaia/Edusp, 1982.

GALVÃO, Eduardo. *Encontro de sociedades: índios e brancos no Brasil*. Rio de Janeiro: Paz e Terra, 1979.

GEERTZ, Clifford. *A interpretação das culturas*. Rio de Janeiro: Guanabara Koogan, 1989.

_____. *Negara*. Rio de Janeiro: Bertrand, 1980.

GERBI, Antonello. *O Novo Mundo*. São Paulo: Companhia das Letras, 1996.

GINZBURG, Carlo. *A micro-história e outros ensaios*. Lisboa: Difel, 1989.

_____. *História noturna*. São Paulo: Companhia das Letras, 1991.

_____. *O queijo e os vermes*. São Paulo: Companhia das Letras, 1987.

GOMES, Plínio Freire. *Um herege vai ao paraíso*. São Paulo: Companhia das Letras, 1997.

KIDDER, D. P. & FLETCHER, J. *O Brasil e os brasileiros*. São Paulo, Companhia Editora Nacional, 1941.

KOK, Maria da Glória Porto. *O sertão itinerante: expedições da capitania de São Paulo no século XVIII*. Tese de doutorado. São Paulo: Departamento de História da FFLCH-USP, 1998.

LEACH, Edmund. *A diversidade da antropologia*. Lisboa: Edições 70, 1982.

LE GOFF, Jacques (org.). *A história nova*. São Paulo: Martins Fontes, 1998.

LEMOS, Carlos A. C. *Cozinhas etc*. São Paulo: Perspectiva, 1978.
_____. *Casa paulista*. São Paulo: Edusp, 1999.
LÉVI-STRAUSS, Claude. *A noção de estrutura em etnologia*. Coleção Os Pensadores. São Paulo: Abril, 1985.
_____. *Antropologia estrutural*. Rio de Janeiro: Tempo Brasileiro, 1991.
_____. *Antropologia estrutural II*. Rio de Janeiro: Tempo Brasileiro, 1976.
_____. *As estruturas elementares do parentesco*. Petrópolis: Vozes, 1982.
_____. *O pensamento selvagem*. São Paulo: Companhia Editora Nacional, 1976.
_____. *O totemismo hoje*. Coleção Os Pensadores. São Paulo: Abril, 1985.
_____. *Tristes trópicos*. Lisboa: Edições 70, 1993.
LIMA, Tania Andrade. "Chá e simpatia: uma estratégia de gênero no Rio de Janeiro oitocentista". Em *Anais do Museu Paulista*, vol. 5, São Paulo, jan.-dez. 1997.
LINHARES, Maria Yeda. *História da agricultura brasileira*. São Paulo: Brasiliense, 1981.
LORENZI, Harri. *Árvores brasileiras*. São Paulo: Plantarum, 1992.
MACHADO, Alcântara. *Vida e morte do bandeirante*. São Paulo/Belo Horizonte: Edusp/Itatiaia, 1980.
MAIOR, Mário Souto. *Alimentação e folclore*. Rio de Janeiro: Funarte, 1988.
MALINOWSKI, Bronislaw. *Argonautas do Pacífico Ocidental*. Coleção Os Pensadores. São Paulo: Abril, 1984.
_____. *A vida sexual dos selvagens*. Rio de Janeiro: Francisco Alves, 1982.
MATTOSO, Kátia M. Queirós. *Bahia, século XIX*. Rio de Janeiro: Nova Fronteira, 1992.
MAUSS, Marcel. *Sociologia e antropologia*. São Paulo: Cosac e Naify, 2003.
MAWE, John. *Viagens ao interior do Brasil (1807-1810)*. Belo Horizonte/São Paulo: Itatiaia/ Edusp, 1978.
MELLATI, Júlio César. *Ritos de uma tribo Timbira*. São Paulo: Ática, 1978.
MELLO, A. da Silva. *A alimentação no Brasil*. Rio de Janeiro: José Olympio, 1961.
_____. *Alimentação humana e realidade brasileira*. Rio de Janeiro: José Olympio, 1950.
MELLO, Evaldo Cabral de. *Olinda restaurada*. Rio de Janeiro/São Paulo: Forense Universitária/Edusp, 1975.
MENESES, Ulpiano T. Bezerra de & CARNEIRO, Henrique. "A história da alimentação: balizas historiográficas". Em *Anais do Museu Paulista*, vol. 5, São Paulo, jan.-dez. 1997.
MONTEIRO, John Manuel. *Negros da terra*. São Paulo: Companhia das Letras, 1994.

MOURA, Carlos Eugênio Marcondes de (org.). *Vida cotidiana em São Paulo no século XIX*. São Paulo: Ateliê Editorial/Fundação Editora da Unesp/Imprensa Oficial do Estado/Secretaria de Estado de Cultura, 1988.

NOVAES, Sylvia Caiuby (org.). *Habitações indígenas*. São Paulo: Nobel/Edusp, 1983.

NOVAIS, Fernando A. "O Brasil colonial nos quadros do antigo sistema". Em MOTA, Carlos Guilherme (org.). São Paulo: Difusão Europeia do Livro, 1974.

_____. *Portugal e Brasil na crise do antigo sistema colonial (1777-1808)*. São Paulo: Hucitec, 1979.

_____. "Prefácio" e "Condições de privacidade na colônia". Em *História da vida privada no Brasil. Cotidiano e vida privada na América portuguesa*. vol. 1. São Paulo: Companhia das Letras, 1997.

PINHO, Wanderley. *História de um engenho do Recôncavo*. São Paulo: Companhia Editora Nacional, 1982.

PRADO JÚNIOR, Caio. *Formação do Brasil contemporâneo*. São Paulo; Brasiliense, 1945.

_____. *História econômica do Brasil*. São Paulo: Brasiliense, 1970.

QUEIROZ, Maria Isaura Pereira de. *Cultura, sociedade rural, sociedade urbana no Brasil*. Rio de Janeiro/São Paulo: Livros Técnicos e Científicos/Edusp, 1978.

REVEL, Jean-François. *Um banquete de palavras*. São Paulo: Companhia das Letras, 1996.

RIBEIRO, Darcy. *O povo brasileiro*. São Paulo: Companhia das Letras, 1995.

SAMPAIO, Teodoro. *São Paulo no século XIX e outros ciclos históricos*. Petrópolis/São Paulo: Vozes/Secretaria da Cultura, Ciência e Tecnologia, 1978.

SAVARIN, Brillat. *A fisiologia do gosto*. São Paulo: Companhia das Letras, 1995.

SCHWARCZ, Lilia. *As barbas do imperador*. São Paulo: Companhia das Letras, 1998.

_____ & REIS, Letícia Vidor de Souza. *Negras imagens*. São Paulo: Edusp/Estação Ciência, 1996.

SCHWARTZ, Stuart B. *Segredos internos*. São Paulo: Companhia das Letras, 1988.

SIMONSEN, Roberto. *História econômica do Brasil (1500-1820)*. Tomos I e II. São Paulo/Rio de Janeiro/Recife: Companhia Editora Nacional, 1937.

SOUZA, Laura de Mello e. "Formas provisórias de existência: a vida cotidiana nos caminhos, nas fronteiras e nas fortificações". Em *História da vida privada no Brasil. Cotidiano e vida privada na América portuguesa*. vol. 1. São Paulo: Companhia das Letras, 1997.

_____. *O diabo e a Terra de Santa Cruz*. São Paulo: Companhia das Letras, 1986.

SZTUTMAN, Renato. "Cauinagem, uma comunicação embriagada". Em *Revista Sexta-Feira – Antropologia, Artes e Humaninades*, ano 2, vol. 2, São Paulo, 1998.

TAUNAY, Afonso de E. *Relatos sertanistas*. São Paulo/Belo Horizonte: Edusp/Itatiaia, 1981.

VILAÇA, Aparecida. "O canibalismo funerário Pakaa-Nova: uma nova etnografia". Em CASTRO, E. V. & CUNHA, M. C. (orgs.). *Amazônia: etnologia e história indígena*. São Paulo: Núcleo de História Indígena e do Indigenismo da USP/Fapesp, 1993.

ZEMELLA, Mafalda P. *O abastecimento da capitania das Minas Gerais no século XVIII*. São Paulo: Hucitec/Edusp, 1990.

ZERON, Carlos Alberto Ribeiro de Moura. "Introdução". Em *Equipamentos, usos e costumes da casa brasileira*. São Paulo: Museu da Casa Brasileira, 2000.

Este livro foi composto com as fontes Arnhem Pro e Beton, impresso em
papel pólen bold 90 g/m² no miolo e cartão supremo 250 g/m² na capa.